Romance Mediúmnico

VIDA Y HECHOS DE LOS APÓSTOLES

Caibar Schutel

Traducción al Español:
J.Thomas Saldias, MSc.
Lima, Perú, Abril, 2024

Título Original en Portugués:
"Vida e Atos dos Apóstolos"
© Caibar Schutel, 1932

Cover:
"Los 12 Apóstoles"
Tublibliaonline.com

World Spiritist Institute

Houston, Texas, USA
E – mail: contact@worldspiritistinstitute.org

Del Traductor

Jesús Thomas Saldias, MSc., nació en Trujillo, Perú.

Desde los años 80s conoció la doctrina espírita gracias a su estadía en Brasil donde tuvo oportunidad de interactuar a través de médiums con el Dr. Napoleón Rodriguez Laureano, quien se convirtió en su mentor y guía espiritual.

Posteriormente se mudó al Estado de Texas, en los Estados Unidos y se graduó en la carrera de Zootecnia en la Universidad de Texas A&M. Obtuvo también su Maestría en Ciencias de Fauna Silvestre siguiendo sus estudios de Doctorado en la misma universidad.

Terminada su carrera académica, estableció la empresa *Global Specialized Consultants LLC* a través de la cual promovió el Uso Sostenible de Recursos Naturales a través de Latino América y luego fue partícipe de la formación del **World Spiritist Institute**, registrado en el Estado de Texas como una ONG sin fines de lucro con la finalidad de promover la divulgación de la doctrina espírita.

Actualmente se encuentra trabajando desde Perú en la traducción de libros de varios médiums y espíritus del portugués al español, habiendo traducido más de 310 títulos, así como conduciendo el programa "La Hora de los Espíritus."

Índice

PREFACIO..8

HECHOS DE LOS APÓSTOLES...10

   EXÉGESIS HISTÓRICA DE LOS HECHOS DE LOS APÓSTOLES..11

   EL ESPÍRITU SANTO Y LA ASCENSIÓN DE JESÚS 13

   LA ELECCIÓN DE UN APÓSTOL EN JERUSALÉN......................17

   EL DÍA DE PENTECOSTÉS – LA DIFUSIÓN DEL ESPÍRITU........20

   EL DISCURSO DE PEDRO – LA PROFECÍA DE JOEL 24

   LA SANACIÓN DE UN COJO Y EL DISCURSO DE PEDRO.........30

   LA PRISIÓN DE PEDRO Y JUAN...33

   PEDRO Y JUAN ANTE EL SANEDRÍN 36

   LA IMPOTENCIA DEL SANEDRÍN –
PEDRO Y JUAN SON LIBERADOS...38

      COMUNIDAD CRISTIANA 40

      ANANÍAS Y ZAFIRA 44

      MILAGROS Y CURAS – LA PRISIÓN DE LOS APÓSTOLES..........47

      LA OPINIÓN DE GAMALIEL..51

      DISPENSADORES COMUNITARIOS..................................54

      ESTEBAN EN EL SANEDRÍN 57

      LA DEFENSA DE ESTEBAN Y SU MUERTE.......................59

      GRAN PERSECUCIÓN CONTRA LOS CRISTIANOS 65

   LA ACCIÓN DE FELIPE – CONVERSIÓN DE SIMÓN ....
EL MÁGICO..68

   LLEGADA DE PEDRO Y JUAN A SAMARIA – ....
EXHORTACIÓN A SIMÓN...70

      LA ACCIÓN DE JUAN EVANGELISTA................................74

      FELIPE Y EL EUNUCO DE CANDACE 77

      LA ACCIÓN DE LOS ESPÍRITUS 78

LA ESCRITURA NO ES PARA INTERPRETACIÓN HUMANA 79

RAPTO DE FELIPE 80

LA CONVERSIÓN DE SAULO 81

LA VISIÓN DE ANANÍAS – LA VISIÓN DE SAULO – ....
EL ESPÍRITU DE INSTRUCCIONES 84

ESTRENO DEL NUEVO APÓSTOL – ....
PABLO EN DAMASCO Y JERUSALÉN 86

PEDRO CURA A ANEÍAS 89

PEDRO RESUCITA A DORCAS 90

LAS VISIONES DE CORNELIO Y PEDRO – ....
RECOMENDACIONES DEL ESPÍRITU MENSAJERO 91

DISENCIONES PARTIDARIAS – LA PALABRA DE PEDRO 94

PUBLICIDAD EN DISPERSIÓN – PAULO EN ANTIOQUIA ...96

HABLA AGABO PROFETIZANDO UNA HAMBRUNA 97

LA MUERTE DE TIAGO – PEDRO ES ARRESTADO ....
OTRA VEZ – MARAVILLOSAS MANIFESTACIONES ....
EN PRISIÓN 98

MUERTE DE HERODES 101

INSTRUCCIONES DEL ESPÍRITU – TOUR PUBLICITARIO ...101

PROCONSUL SÉRGIO PAULO – ELYMAS, ...
EL FALSO PROFETA 103

DISCURSO DE PABLO EN ANTIOQUIA 104

PABLO Y BERNABÉ SE DIRIGEN A LOS GENTILES 106

LOS DISTURBIOS EN ICONIO – PAULO Y BARNABÉ ....
EN ICONIO Y LISTRA 108

PODER Y HUMILDAD DE LOS APÓSTOLES – LA CURACIÓN DE LOS COJOS 109

EL REGRESO DE PABLO Y BARNABÉ 111

INICIO DE DISPUTAS DOGMATICAS 113

NUEVA GIRA DE PAULO 119

LA VISIÓN EN TROAS 120

FENÓMENOS SORPRENDENTES EN LA PRISIÓN ....
DE MACEDONIA – CONVERSIÓN DEL CARCELERO – ....
ACTITUD DE LOS APÓSTOLES 124

PABLO Y SILAS EN SALÓNICA 127

LOS ÉXITOS DE BEREA 130

PABLO EN ATENAS – EL DISCURSO DEL AREÓPAGO 131

PABLO EN CORINTO 135

PAULO EN EL TRIBUNAL DEL PROCÓNCUL DE ACAYA 138

BREVE EXCURSIÓN DE PAULO 139

APOLO LLEGA A ÉFESO 140

PABLO EN ÉFESO – RECEPCIÓN DEL ESPÍRITU 142

PABLO EN LA ESCUELA DE TIRANO – ....
LOS PRODIGOS DE LA RELIGIÓN 144

LOS EXORCISTAS JUDÍOS – LOS HIJOS DE SCEVA 147

DEMETRIO Y DIANA DE LOS EFESIOS 149

PABLO VUELVE A MACEDONIA Y GRECIA – ....
EL SUEÑO DE EUTO 151

EL VIAJE DE PABLO A MILETO 153

PABLO Y SUS COMPAÑEROS EN TIRO Y CESAREA – ....
CUATRO PROFETIZAS, HIJAS DE FELIPE 156

LA LLEGADA DE PABLO A JERUSALÉN 159

PABLO ES ARRASTRADO DEL TEMPLO Y ES ARRESTADO 160

EL DISCURSO DE PABLO Y SU DEFENSA 162

PABLO ANTE EL SANEDRÍN 165

EL SEÑOR SE APARECE A PABLO 169

LA TRAMPA DE LOS JUDÍOS – DENUNCIA DEL ....
SOBRINO DE PAULO 170

PABLO EN EL PRETORIO DE HERODES – ACUSACIÓN
DE ANANÍAS Y TERTULUO 173

LA DEFENSA DE PABLO – LA RESURRECCIÓN DE
LOS MUERTOS 175

LA ACCIÓN DE PABLO ANTE FÉLIX Y DRUSILLA 178

PABLO ANTE FESTO APELA AL CÉSAR 180

LA EXPOSICIÓN DE FESTO AL REY AGRIPA 181

PABLO HABLA CON EL REY AGRIPPA 184

VIAJE A ITALIA – LAS PREDICCIONES DE PABLO –
EL AVISO DE JESÚS 186

EN LA ISLA DE MALTA – PAULO Y LA VÍBORA – LA
BIENVENIDA DE LOS PUEBLOS INDÍGENAS 189

CONTINUACIÓN DEL VIAJE – SIRACUSA
PUTEOLI Y ROMA 192

PABLO CONVOCA A LOS JUDÍOS Y PREDICA EN ROMA 193

LOS APÓSTOLES DE JESÚS 196

CONCLUSIÓN 214

PREFACIO

"Vida y Hechos de los Apóstoles" es una recopilación de *"Hechos de los Apóstoles"* comentada y ampliada con datos históricos que pudimos obtener sobre la vida de los Apóstoles y su acción bajo los auspicios de los espíritus mensajeros de Dios, ante la dirección suprema de Jesucristo.

Nos esforzamos al máximo en dar en esta obra una interpretación espiritual de la Doctrina que los discípulos de Jesús anunciaron y por la cual vivieron, y se sacrificaron.

De acuerdo con la orientación espírita, que apunta a restablecer la religión de Jesucristo, desnaturalizada por los Papas y concilios, la *"Vida y Hechos de los Apóstoles"* se reviste de una nueva exégesis, en armonía con la lógica, la razón y los hechos, que constituyen su principio fundamental. Es una obra didáctica para estudiantes del Nuevo Testamento que, estamos seguros, encontrarán en él nuevas luces para acercarse a la verdad y orientarse en el camino que conduce a Jesús, autor supremo y consumador de la fe.

"Vida y Hechos de los Apóstoles" fue escrita con pluma, en un mes y cinco días, en un momento de luchas intestinas que ensangrentaron el suelo de São Paulo.

Los lectores deberían encontrar muchas lagunas en él que habrían pasado desapercibidas. Además, nuestra incompetencia intelectual no nos permitió realizar un trabajo magistral. Pero nos esforzamos tanto como pudimos, dóciles a las inspiraciones de los queridos espíritus que dirigen nuestro movimiento, de exponer con claridad y precisión lo que sabíamos de los Apóstoles, así como de hacer un estudio sintético de las elucidaciones doctrinarias, dejando de lado disertaciones inútiles y logotipos vacíos.

Si esta obra logra el fin para el que fue destinada; es decir, aclarar de alguna manera la vida y las acciones de los Apóstoles, y guiar aunque sea una sola alma hacia Dios, nos consideraremos felices.

Matão, 3 de octubre de 1932.

HECHOS DE LOS APÓSTOLES

"*Los Hechos de los Apóstoles*" es uno de los libros del Nuevo Testamento, escrito en griego por el evangelista Lucas, autor del tercer evangelio. Este libro contiene la historia del cristianismo, desde la ascensión de Jesucristo, hasta la llegada de Pablo, a Roma, según se dice, en el año 63. Parece ser la continuación del citado Evangelio dedicado también a Teófilo. Consta de 28 capítulos.

Si quisiéramos resumirlo, veríamos la historia de la fundación de los primeros grupos cristianos (Iglesias) hasta la muerte de Herodes; el cumplimiento de muchas promesas de Cristo; prueba de la resurrección y apariciones del Divino Maestro; la difusión del espíritu en el Cenáculo de Jerusalén; el desinterés, la caridad de los primeros Apóstoles, en definitiva, lo que les sucedió hasta su dispersión, para predicar el Evangelio en todos los lugares a su alcance.

El evangelista Lucas fue uno de los grandes discípulos de Pablo. Nacido en Antioquía, ejerció la Medicina y afirma haber sido un buen artista. De ahí que los médicos lo eligieran como su patrón. Pero lo principal de Lucas no es que fuera médico, sino que fue un gran apóstol del cristianismo naciente. De su Evangelio y de sus Hechos vemos que fue un hombre ilustrado, de amplitud de miras, pues interpretó bien el movimiento de reforma religiosa que tuvo lugar en su tiempo, movimiento que mereció toda su ayuda prestada a la causa cristiana con raro desinterés.

Estos fueron los datos más certeros que pudimos obtener sobre tan ilustre personalidad, que marcó su paso por la Tierra como un superhombre, entidad dotada, por lo que podemos ver, de admirables facultades que eran señas de identidad de tan ilustre y elevado personaje. Espíritu.

EXÉGESIS HISTÓRICA DE LOS HECHOS DE LOS APÓSTOLES

"En el libro primero relaté, oh Teófilo, todo lo que había que hacer y enseñar, hasta el día en que fue recibido arriba, después de haber dado preceptos por el Espíritu Santo a los Apóstoles que había elegido; a quienes también él, después de haber padecido, se presentó vivo, dando muchas pruebas de ello, apareciéndoseles por espacio de cuarenta días y hablándoles acerca del reino de Dios." – Hechos, 1:1–4.

La lectura y la meditación de los *"Hechos de los Apóstoles"*, como todos los libros del Nuevo Testamento, nos proporcionan gratos momentos de instrucción y, al mismo tiempo, de consuelo.

Muchas propuestas resaltan a nuestros ojos al abrir este libro, pequeñas en verdad, pero grandes en su extraordinario alcance de llevar a cada hogar los datos históricos de la misión apostólica, en sus fases gloriosas y dolorosas, pero siempre beneficiosas para los extraordinarios seguidores del Resucitado de Galilea y también a los que quisieron y a los que quieren seguir sus pasos.

Lo que inmediatamente destaca en este pasaje de Lucas es la confirmación que el ilustre evangelista hace del primer libro que escribió; es decir, el Evangelio III, en el que está todo lo que es necesario hacer y enseñar sobre los Preceptos de Jesús, desde el nacimiento del Señor en Belén, hasta el día de su ascensión, incluyendo las lecciones recibidas durante los cuarenta días en que el Maestro estuvo con ellos, apareciéndoseles durante ese período de tiempo después de su muerte.

Este hecho de las apariciones de Jesús, relatado por todos los evangelistas y confirmado en las diversas epístolas incluidas en el Nuevo Testamento, es muy significativo y no puede dejar de constituir la base fundamental de la religión cristiana, como ya hemos dicho en otras obras. Estas apariciones son prueba positiva de la continuidad de la vida del Divino Maestro y, por tanto, de la continuación de su misión, como Él mismo declaró, según el evangelista Juan: *"No os dejaré huérfanos, volveré a vosotros. Todavía un poco de tiempo, y entonces el mundo no me verá más, pero ustedes me verán, porque yo vivo y ustedes vivirán. (14:19). El que tiene mis mandamientos y los guarda, ése es el que me ama; y el que me ama, será amado de mi Padre, y yo lo amaré y me manifestaré a él."* – (14: 21).

El último extracto es la solemne recomendación del Maestro que no salgan de Jerusalén, para esperar la promesa hecha por el Padre, que (dijo) *"habéis oído de mí."* Esta promesa se refiere a la difusión del espíritu, bien caracterizada primero en el cap. 7:37 – 39 de Juan: *"En el último día, en el gran día de la fiesta, Jesús se levantó y gritó: Si alguno tiene sed, venga a mí y beba. El que cree en mí, como dice la Escritura, de dentro correrán ríos de agua viva. Esto dijo del espíritu que iban a recibir los que creyeran en él, porque el espíritu aun no había sido dado, porque Jesús aun no había sido glorificado"*, y luego en los capítulos: 14 – *"Si me amáis, guardad mis mandamientos, y rogaré al Padre, que os dé otro Paráclito, para que permanezca siempre con vosotros; el Espíritu de la Verdad, que el mundo no puede recibir, porque no lo ve ni lo conoce; vosotros le conocéis, porque él habita con vosotros y estará en vosotros."* (15,17). *Estas cosas os he hablado estando aun con vosotros; pero el Paráclito, el Espíritu Santo, que el Padre enviará en mi nombre, os enseñará todas las cosas y os recordará todo lo que os dije."* (25, 26). Capítulo 15: *"Pero cuando venga el Paráclito, a quien yo os enviaré del Padre, el Espíritu de Verdad, que procede del Padre, él dará testimonio de mí; y vosotros también daréis testimonio porque habéis estado conmigo desde el principio."* (26, 27). Capítulo 16: *"Aun tengo muchas cosas que deciros, pero ahora no podéis soportarlas; pero cuando venga el Espíritu de la Verdad, él os guiará a toda la verdad; porque no hablará por sí mismo, sino que dirá todo lo que oyere, y os hará saber las cosas que han de venir. Él me glorificará porque recibirá lo mío y os lo hará saber."* (12–14).

En la parte final del extracto transcrito arriba, observamos la íntima conexión que existe entre la venida del Paráclito y el Bautismo al que se refiere el Bautista: *"Yo os bauticé con agua, pero detrás de mí viene uno que os bautizará con el Espíritu Santo y con fuego."* (Mateo, 3: 11).

Jesús confirma lo que dijo Juan Bautista: *"Porque Juan, a la verdad, bautizó con agua, pero vosotros seréis bautizados con el Espíritu Santo dentro de pocos días."* (Hechos, 1:5).

EL ESPÍRITU SANTO Y LA ASCENSIÓN DE JESÚS

"Entonces cuando se reunieron nuevamente, le preguntaron: Señor, ¿estás restableciendo ahora el reino de Israel? Y Él les respondió: No os toca a vosotros saber los tiempos y las sazones, que el Padre ha fijado por su propia autoridad; pero recibiréis poder, cuando haya venido sobre vosotros el Espíritu Santo, y seréis mis testigos en Jerusalén, en toda Judea, en Samaria, y hasta los confines de la tierra. Y cuando hubo dicho estas cosas, Jesús fue elevado delante de ellos, y la nube lo recibió y lo ocultó de sus ojos. Y mientras miraban al cielo mientras él ascendía, he aquí, dos hombres vestidos con vestiduras blancas estaban junto a ellos, y le preguntaron: Galileos, ¿por qué miras al cielo? Este Jesús, que de vosotros fue recibido en el cielo, vendrá de la misma manera como le viste ir al cielo." – (Hechos, 1: 6–11).

En un trabajo anterior hicimos aclaraciones sobre la palabra Espíritu Santo, que se encuentra en cada paso de los Evangelios.

No será excesivo; sin embargo, extenderse sobre ciertas consideraciones a este respecto, para que los lectores comprendan mejor el significado de las Escrituras, especialmente los *"Hechos de los Apóstoles"* que nos proponemos recoger.

Las Escrituras antiguas no contenían el calificativo de santo al hablar del espíritu.

Todos los Apóstoles reconocieron la existencia de los espíritus, pero entre ellos, los buenos y los malos.

En el Evangelio de Lucas 10 leemos: *"El que pide, recibe; lo que busca, lo encuentra; se abrirá a cualquiera que llame; si vosotros, siendo malos, sabéis dar buenas dádivas a vuestros hijos, con mucha mayor razón vuestro Padre enviará desde el cielo un espíritu bueno a quienes lo pidan."* (10 a 13).

Solo con la traducción de las Escrituras antiguas y la constitución de la Vulgata se añadió esta calificación, seguramente para reforzar el "Misterio de la Santísima Trinidad", tomado de una leyenda hindú, sugerida por los comentaristas de las Escrituras, que, desde hace poco tiempo, después de la muerte de Jesús, vivieron en riñas, en discusiones sobre los modos de interpretar las Escrituras. Esta misma "Trinidad" fue proclamada como "artículo de fe" por el Concilio de Nicea en el año 325, después de haber sido rechazada por tres concilios.

El misterio de "Santísima Trinidad" vino a crear una nueva doctrina sobre la concepción del espíritu, atribuyéndole, al revestirse del calificativo de Santo, un ser misterioso, increado, también Dios y coeterno con el Padre.

Totalmente desvirtuada de su verdadero significado, la promesa de Jesús no representa, para las Iglesias romana y protestante, la difusión del espíritu, o más bien de los espíritus que, por orden de Dios y enviados por Jesús, vendrían a restaurar todas las cosas, sino más bien un don sobrenatural, un movimiento del cerebro y del corazón que Dios operó solo en los Apóstoles, el día de Pentecostés.

Veremos más adelante, a través de la trama de los extractos de los "Hechos", que esta doctrina es absolutamente errónea, no solo errónea sino también obstructiva de los principios cristianos, inutilizando por completo las Palabras de Jesús, su vida y las enseñanzas apostólicas, las únicas capaces de, recibidas en su verdadero significado, transforman al hombre, guiándolo bien hacia sus destinos inmortales.

Para una mayor clarificación de esta tesis, invitamos al lector a consultar la importante obra de Léon Denis – *"Cristianismo y Espiritismo"*, leyendo, con pericia, los capítulos 4º, 5º y 6º. de este trabajo, así como la 6ª Nota Complementaria.

Al estudiar la Biblia, todos los juicios preconcebidos oscurecen nuestro entendimiento.

La calificación de Santo que se encuentra en la Biblia para designar un buen espíritu no debe interpretarse en absoluto como una entidad misteriosa y sibilina, que constituye la tercera persona de la Santísima Trinidad. Sino más bien, como siendo un espíritu avanzado, de bondad, de amor y de sabiduría.

Vemos, por ejemplo, en el Antiguo Testamento (Daniel, 13:45), la siguiente noticia: *"El Señor levantó el espíritu santo de un joven llamado Daniel."*

De esto se concluye claramente que, cuando la Biblia, en su publicación moderna, se refiere al Espíritu Santo, el término santo representa las cualidades superiores de un individuo.

Es bueno que los lectores tomen nota de esta aclaración, porque, al transcribir pasajes de los "Hechos", nos topamos a menudo con la palabra Espíritu Santo, que no puede dejar de estar ligada a una persona.

Los discípulos querían saber de Jesús el tiempo del restablecimiento del Reino de Israel, pero el Señor les respondió que no les correspondía a ellos saber los tiempos, ni las estaciones, pues su tarea era ser sus testigos no solo en Jerusalén, sino en toda Judea, Samaria y hasta los confines de la Tierra.

Ahora bien, sabemos que los confines de la Tierra, en tiempos de Jesús, eran muy limitados, y si esta tarea se restringiera únicamente a los de sus discípulos, excluyendo la ley de la Reencarnación y la continuación de su acción en el mundo espiritual en el estado de espíritus, quedaría absolutamente reducida a una nación, y entonces la religión de Cristo sería una religión nacional, y no una religión mundial, como es su verdadero carácter.

Siendo la Doctrina de Jesús es permanente, eterna, palabra que no pasa, solo considerándola espiritualmente, sin el velo de la letra, podemos acogerla hoy con un cerebro fuerte y un corazón que late, deseosos de verdad y progreso.

Entendemos, sobre todo, que Jesús habló con sus discípulos, después de su muerte, dándoles instrucciones y ordenándoles que observaran sus enseñanzas. Estos cuarenta días en que el Maestro estuvo con ellos sirvieron para repetirles sus enseñanzas, establecer su fe y hacer de quienes debían llevar la palabra de la orden por el mundo, trabajadores fieles, dedicados e infatigables, porque tendrían espíritus a su lado para ayudarles en cada situación y hacerlos persistir hasta el final.

Y fue solo después de haberles dicho todo lo necesario, de haberles dado todas las instrucciones necesarias, que, según Lucas, el Maestro ascendió a las alturas, desmaterializándose ante los ojos de todos. Los espíritas comprenden bien estos fenómenos de materialización y desmaterialización, tan extraordinariamente verificados con Jesús y referidos en los Evangelios.

Y dice el texto que, mientras estaban mirando al cielo, maravillados de la ascensión de Jesús, he aquí dos hombres vestidos con vestiduras blancas aparecieron y se pusieron junto a ellos y les preguntaron: *"Galileos, ¿por qué miráis al cielo? Este Jesús, que de vosotros fue recibido en el cielo, vendrá de la misma manera como le habéis visto ir al cielo."*

Esta sesión fue realmente impresionante, porque incluso los hombres, materializados, hablaron, dando explicaciones y revelando cosas futuras, como la nueva venida de Jesús, como todos esperamos, y no reencarnado, sino similar a su estadía, cuando resucite, es decir, materializado.

¿Y quiénes eran estos hombres que vinieron a traerle su testimonio? El evangelista no lo dice, pero creemos que fueron los mismos que se mostraron a los Apóstoles en Tabor, como testimonios de la excelente misión de Jesús, Moisés y Elías: uno representando la Ley, el otro los Profetas, quienes, a los ojos de Jesús, están incluidos en sus preceptos de amor a Dios y al prójimo.

LA ELECCIÓN DE UN APÓSTOL EN JERUSALÉN

"Luego regresaron a Jerusalén desde el monte llamado de los Olivos, que está cerca de Jerusalén, a una distancia de camino de un día de reposo. Y entrando, subieron al Cenáculo, donde estaban mirando Pedro, Juan, Santiago y Andrés; Felipe, Tomás, Bartolomé y Mateo; Santiago, hijo de Alfeo y Simón el Zelote y Judas, hijo de Santiago. Todos ellos unánimemente perseveraron en oración con las mujeres y con María, madre de Jesús, y con sus hermanos.

Aquel día Pedro se levantó en medio de los hermanos (allí estaba reunida una multitud como de ciento veinte personas) y dijo: Hermanos, es necesario que se cumpla la Escritura que el Espíritu Santo predijo por boca de David acerca de Judas, que era el guía de los que prendieron a Jesús, porque era contado entre nosotros y participaba en este ministerio. Ahora bien, este hombre adquirió un campo a precio de su iniquidad, y, precipitándose de cabeza, se reventó por la mitad, y todas sus entrañas se derramaron. Y esto fue notorio a todos los habitantes de Jerusalén, de modo que en su propia lengua este campo fue llamado Akeldama; es decir, campo de sangre. Porque está escrito en el libro de los Salmos: "Quede desierta tu morada, y que nadie habite en ella; y lleve su ministerio a otra parte.

Es necesario, pues, que de los hombres que nos acompañaron todo el tiempo que el Señor Jesús vivió entre nosotros, desde el bautismo de Juan, hasta el día en que fue recibido arriba de nosotros, uno de éstos llegue a ser testigo con nosotros de su resurrección. Y presentaron a dos: José, también llamado Barsabás, de apellido Justo y Matías. Y orando, dijeron: Tú, Señor, que conoces los corazones de todos, muestra cuál de estos dos has escogido, para tomar parte en este ministerio y apostolado, del cual se desvió Judas para ir a su propio lugar. Y echaron suertes sobre ellos; y la suerte recayó sobre Matías, y fue contado con los once Apóstoles." – Hechos, 1:12–26.

Los Apóstoles no son elegidos, sino escogidos y su elección no puede dejar de hacerse sin el consentimiento de los espíritus encargados de la espiritualización de la humanidad.

Así entendieron los que fueron llamados por Jesús la alta investidura de transmitir al pueblo la noticia de la salvación.

En este capítulo se ve que, obedientes a las órdenes del Divino Maestro, permanecieron en Jerusalén, donde perseveraron unánimemente en la oración y junto con ellos las mujeres, entre ellas María, madre de Jesús, los hermanos del Señor y demás personas que constituían una multitud de alrededor de ciento veinte personas.

Vale la pena recordar este extracto de los Hechos, porque veremos que no fueron solo los doce Apóstoles los que recibieron el espíritu, sino todos los que estaban allí.

Faltaba un miembro entre los principales Apóstoles, pues solo eran once, cuando deberían haber sido doce; es decir, los representantes de las Doce Tribus de Israel, quienes continuarían luchando por el establecimiento del Reino de Dios en la Tierra. Entonces, Pedro, haciendo referencia a Judas que había fracasado en su tarea, por lo que decidió suicidarse, recordando que con este hecho se cumplía una muy remota profecía narrada en los Salmos, propuso elegir a uno de los presentes para ocupar el lugar anteriormente ocupado.

Pero era necesario que el elegido hubiera acompañado a Jesús, desde el momento de su bautismo, hasta el día de su ascensión.

Fueron encontrados dos que se encontraban en esas condiciones: José Barsabás, también conocido como Justo, y Matías.

Hicieron súplica al Señor para que se eligiera el sustituto y, echando suertes, recayó en Matías, completando así el número de los más grandes Apóstoles.

Decimos Apóstoles mayores, porque creemos que los demás que allí estuvieron también siguieron siendo Apóstoles, como se verá al tratar de la explosión de Pentecostés.

Es interesante insistir una vez más en el número de personas que se encontraban en constante oración en el Cenáculo, estimado en ciento veinte personas.

Dado que este capítulo está estrechamente relacionado con el siguiente, el estudiante evangélico debe retenerlo para comprender plenamente el relato de Lucas, del que nos ocuparemos a continuación.

EL DÍA DE PENTECOSTÉS – LA DIFUSIÓN DEL ESPÍRITU

"Cuando llegó el día de Pentecostés, estaban todos reunidos en un mismo lugar; y de repente vino del cielo un ruido como de un viento fuerte, que llenó toda la casa donde estaban sentados; y se les aparecieron como lenguas de fuego, y se repartieron, para posarse sobre cada uno de ellos; y fueron todos llenos del Espíritu Santo, y comenzaron a hablar en otras lenguas, según el espíritu les daba hablar.

Y habitaban en Jerusalén judíos religiosos, de todas las naciones bajo el cielo; y cuando se oyó este ruido, se juntó allí la multitud, y estaban asombrados, porque cada uno los oía hablar en su propia lengua. Y ellos estaban asombrados y maravillados, diciendo: ¿No son galileos todos estos que hablan? Y mientras los oíamos hablar, cada uno en la lengua de nuestro nacimiento, a los partos, medos y elamitas, y a los que habitan en Mesopotamia, Judea y Capadocia, Ponto y Asia, Frigia, Pamfilia, Egipto y las partes de Libia cercanas. Cirene y romanos extranjeros, unos judíos y otros prosélitos, cretenses y árabes; ¿Cómo lo escuchamos hablar en nuestros idiomas la grandeza de Dios? Y todos quedaron asombrados y perplejos y se preguntaban unos a otros: ¿Qué significa esto? Otros decían burlonamente: Están llenos de mosto. –Hechos, 2:1–13.

La explicación de este capítulo ya ha sido dada en una obra anterior – "Parábolas y Enseñanzas de Jesús" – p. 317, que recomendamos a la atención de los lectores.

Limitemos nuestra exposición al interesante fenómeno de xenoglosia; es decir, "la facultad de hablar o escribir en uno o más idiomas extraños, desconocidos para el médium, durante un trance mediúmnico."

Este fenómeno está bien caracterizado por Pablo, en su 1ª Epístola a los Corintios, 12: 10, con el título "diversidad de lenguas." Esta facultad mediúmnica viene desde tiempos inmemoriales. Parece que en tiempos de Pablo era bastante grande el número de personas que gozaban de este don, y naturalmente se jactaban, pensando que les bastaba tenerlo para ser considerados en el Reino de los Cielos, esto fue probablemente lo que llevó al Apóstol decir en el Capítulo XIII, Epístola 1a a los Corintios: *"Si hablo lenguas humanas y de ángeles, y no tengo caridad, soy como metal que resuena o como campanilla que retiñe."*

El "don de lenguas" no tiene en absoluto el carácter sobrenatural que quieren darle las Iglesias Romana y Protestante, atribuyéndolo a un peculiar milagro, otorgado exclusivamente a los Apóstoles, por la Tercera Persona de la Santísima Trinidad. Estas manifestaciones fueron numerosas en la época del cristianismo naciente y en ellas participaron hombres y mujeres, libres y siervos, como se verá en la continuación del estudio de los *Hechos de los Apóstoles*.

La mediumnidad políglota, en la fase espírita, desde sus inicios, destaca admirablemente en los relatos de sabios e investigadores.

Para no multiplicar las citas, nos limitamos a recordar el caso de la hija del juez Edmonds, de Nueva York.

John W. Edmonds, Juez Primero de la Corte Suprema de Nueva York, fue un juez altamente calificado, un hombre muy popular por su honorabilidad. En los últimos tiempos ocupó los más altos cargos judiciales con talento, perspicacia y valor.

Refiriéndose a las obras del juez Edmonds, el gran sabio Alfred Russel Wallace escribió:

"El trabajo del juez Edmonds es una prueba convincente de los hechos resultantes de las experiencias de este magistrado. Su propia hija se hizo médium, y comenzó a hablar lenguas extranjeras que le eran completamente desconocidas, sobre el tema se expresa de la siguiente manera:

"Ella no tiene más que un ligero conocimiento del francés, aprendido en la escuela. A pesar de ello, ha conversado frecuentemente en nueve o doce idiomas diferentes, a menudo durante una hora, con la confianza y facilidad de una persona que habla su propio idioma. No es raro que los extranjeros se entretengan, a través de sus amigos espirituales y en su propio idioma. Debemos contarte cómo sucedió esto en una de las circunstancias.

Una noche, cuando doce o catorce personas estaban en mi pequeño salón, me presentaron al señor E. D. Green, un artista de esta ciudad, en compañía de un caballero que se presentó como Evan Gelides, originario de Grecia. Poco después, un espíritu le habló en inglés, a través de Laura, y le dijo tantas cosas que reconoció que a través de ella estaba en una relación con una amiga que había fallecido en su casa unos años antes, pero de la que nadie sabía nada. En aquella ocasión, a través de Laura, el espíritu dijo algunas palabras y pronunció varias máximas en griego, hasta que, finalmente, el señor E. preguntó si se le podía entender cuando hablaba en griego. El resto de la conversación duró más de una hora, por parte del señor E. enteramente en griego; Laura también hablaba en griego y a veces en inglés. En ciertos momentos, Laura no entendía la idea de la que hablaban ella o el señor Gelides; pero, en otras ocasiones, él la entendía, ya que ella hablaba en griego y ella misma usaba términos griegos."

Se conocen varios casos más y se ha establecido que esta joven hablaba español, francés, griego, italiano, portugués, latín, húngaro, hindi, además de otros que eran desconocidos para los presentes. Estas lenguas se hablaban en nombre de personas fallecidas que hablaban con sus familiares y conocidos presentes.

Últimamente, las revistas psíquicas y espíritas han informado de numerosos casos de "Xenoglosia" observados por personas de responsabilidad moral y científica.

Fueron estos fenómenos los que ocurrieron el día de Pentecostés, en el Cenáculo, y asombraron a gente de todas partes de Judea, Asia, Egipto, etc.

Pero, como dice el Eclesiastés – *"lo que fue, es lo que es, y lo que es, es lo que será"* – ayer como hoy, no faltaron negacionistas sistemáticos que, sin saber lo que pensaban ni lo que decían, afirmaban que todas aquellas personas reunidas en el Cenáculo, en número de ciento veinte almas, a la hora tercera (9 am) ya estaban borrachas.

El hombre sigue juzgando a los demás por sí mismo, sin pensar en los juicios imprudentes que emite. Si el hombre juzgara con justa justicia entendería que esos hechos no eran otra cosa que manifestaciones de espíritus que vinieron a cumplir la Promesa de Jesús.

Otro fenómeno, muy clásico hoy en día, que ha sido observado en innumerables sesiones espíritas y relatado por experimentadores, son las luces, copos de luz, bolas de luz, que señalan la presencia de los espíritus, fenómenos verificados en el Cenáculo y calificados por Lucas como *"unas como lenguas de fuego."*

EL DISCURSO DE PEDRO – LA PROFECÍA DE JOEL

"Pero Pedro, estando en pie con los once, alzó la voz y les dijo: Varones judíos y todos los que habitan en Jerusalén, esto os sea notorio, y prestad oído a mis palabras. Porque estos hombres no están borrachos, como pensáis, siendo aun la hora tercera del día; pero se cumple lo que dijo el profeta Joel:

"Y acontecerá en los postreros días, dice el Señor, que derramaré de mi espíritu sobre toda carne; y profetizarán vuestros hijos y vuestras hijas, vuestros jóvenes tendrán visiones; y tus viejos soñarán; y también sobre mis siervos y mis siervas derramaré de mi espíritu en aquellos días, y profetizarán.

Y haré prodigios arriba en el cielo, y señales abajo en la tierra; sangre y fuego, vapor y humo; el sol se convertirá en tinieblas y la luna en sangre, antes que venga el día grande y glorioso del Señor. Y sucederá que todo aquel que invoque el nombre del Señor será salvo." 14–21.

El discurso de Pedro no termina con estos versículos. Continúa hasta el versículo 36. Para no ocupar espacio, omitimos transcribir la última parte, recomendándola a la atención de los lectores, ya que la encontrarán fácilmente en cualquier Nuevo Testamento. En esta parte, el Apóstol recuerda a los israelitas los grandes poderes de Jesús, las maravillas realizadas por Él y las señales que Dios realizó a través de Él, así como Su crucifixión a manos de malvados, Su resurrección, la incorruptibilidad de Su cuerpo, las antiguas profecías avisando de todo lo que iba a pasar, etc.

Pedro fue uno de los primeros discípulos que Jesús eligió. Si leemos atentamente los Evangelios, veremos que este hombre era un excelente médium, intuitivo e inspirado. Previamente había tomado la palabra y hablado inspirado por el espíritu, en nombre de los Doce.

En el cap. XVI de Mateo, 15 y 16, los lectores verán que cuando el Maestro preguntó a sus discípulos quién decían que era el Hijo del Hombre, fue Pedro quien habló en nombre de los doce, y habló inspirado por el espíritu, transmitiendo la Revelación, sobre la cual Jesús dijo Él construiría su iglesia.

Pedro comenzó su discurso citando la profecía de Joel, profecía que es incierta en el Antiguo Testamento y que anuncia los acontecimientos que sucederían no solo en aquel tiempo, sino, con mayor precisión aun, en aquel en el que nos encontramos y en un futuro próximo.

Esta profecía es muy clara y fue verificada en el Cenáculo con la producción de lenguas extranjeras, por médiums polígiotas, que allí eran ciento veinte. Los jóvenes tuvieron visiones, por lo tanto, vieron "llamas como aguas de fuego" reposando sobre todos.

Sin embargo, en los "Hechos" no se dice que los "ancianos tuvieron sueños", lo que significa que la profecía no se cumplió en su totalidad.

Pero posteriormente, como veremos en el transcurso de nuestros estudios, se comprobaron otras manifestaciones, como curaciones, etc., hasta la llegada de la Nueva Era, en la que nos encontramos, se han dado manifestaciones de todo tipo, como los que hemos observado, según los informes transmitidos por sabios y experimentadores que, con la ayuda de poderosos médiums, tan poderosos como los Apóstoles y, tal vez aun más, han hecho todo su servicio para derrumbar el "templo del materialismo", construyendo la gran pirámide del amor, el hermoso faro de la inmortalidad.

Creemos; sin embargo, que, en la época del cristianismo naciente, se desarrollaron y desarrollaron muchos médiums - innumerables, por cierto -, lo que llevó a Pablo a establecer reglas para el éxito de las reuniones que tenían lugar en aquella época. En la Epístola a los Romanos, 12:4, dice Pablo:

"Porque así como en un cuerpo tenemos muchos miembros, pero no todos los miembros tienen la misma función; así también nosotros, siendo muchos, somos un cuerpo en Cristo, pero individualmente somos miembros los unos de los otros. Y teniendo diferentes dones, según la gracia que nos ha sido dada: si es profecía, profeticemos, según la proporción de nuestra fe; si es ministerio, dediquémonos a nuestro ministerio; o el que enseña, dedíquese a lo que enseña; o el que exhorta, a su exhortación; lo que compartes, hazlo de forma sencilla; el que preside, con celo; el que hace uso de la misericordia, con alegría."

Este extracto es suficiente para dejarnos ver cómo era la vida de los discípulos y sus acciones. Una tarea enteramente espiritual que no podría realizarse sin la ayuda de los espíritus encargados de hacer revivir en ellos las palabras de Jesús y de guiarlos en todas sus acciones. Allí queda muy clara la misión del profeta, quien debe resaltar la profecía.

El Apóstol de la luz, comparando la diversidad de miembros de nuestro cuerpo, cada uno con su función y misión, mostró la diversidad de dones, de facultades psíquicas, facultades que deben ser guiadas por los preceptos de Cristo, quien es la cabeza - el Jefe -, así como todos nuestros miembros sujetos están a la cabeza.

En I Corintios, 12:4 – 31, el Doctor de los Gentiles es aun más explícito, mostrando que todas las manifestaciones son guiadas, o mejor dicho, permitidas por Dios. Todos los ríos de agua viva, a los que se refería el Maestro, que brotarían del vientre de quienes creyeran en Él, aludiendo al espíritu que habían de recibir, tenían una sola fuente, que es Dios.

Aprovechemos las palabras de tan ilustre Doctor:

"Ahora bien, hay diversidad de dones, pero uno es el espíritu; y hay diversidad de ministerios, pero uno es el Señor; y hay diversidad de operaciones, pero es un mismo Dios que obra todo en todos. Pero a cada uno le es dada la manifestación del espíritu para su beneficio. Porque a uno por el espíritu le es dada palabra de sabiduría; a otro, palabra de ciencia, según el mismo espíritu; a otra fe, en el mismo espíritu; a otro, dones de curación, en un solo espíritu; a otro, milagros; a otro, profecía; a otro, discernimiento de espíritus; a otro, la diversidad de lenguas, y a otro la interpretación de lenguas; pero todas estas cosas las obra uno y el mismo espíritu, distribuyendo a cada uno particularmente lo que le agrada."

El "Don del Espíritu Santo", como dicen las Iglesias, es muy claro que es don de mediumnidad y comunicación de los espíritus. Cada médium tiene su misión: sabiduría, ciencia, fe, curas, milagros, profecía, lenguas, etc., etc. Pero no debemos olvidar que también hay quienes tienen el don del discernimiento de los espíritus. Ahora bien, si hay encargados del discernimiento de los espíritus, y si este don fue enumerado por Pablo, parece claro y lógico que no es un solo espíritu el que produce todo, no es siempre el mismo espíritu el que produce las maravillas, curaciones, profecías, etc., etc., pero sí muchas, algunas tempranas y tardías, de lo contrario no habría necesidad de discernimiento. Pablo quería decir que todos los espíritus provienen de Dios, y no, como pensaban los judíos, que procedían del diablo.

Al concluir el capítulo, Pablo aborda la necesidad de la unidad espiritual de la congregación, repitiendo lo que había dicho a los romanos y añadiendo varias consideraciones esclarecedoras, al alcance de todos y al alcance de quien nos lee.

"Sin embargo, después que terminó el discurso de Pedro, la multitud que lo escuchaba preguntó a Pedro y a los Apóstoles qué se debía hacer para convertirse en cristiano. Ellos respondieron: Arrepiéntete y bautízate en el nombre de Jesucristo para la remisión de los pecados, y

recibirás el don del Espíritu Santo. Porque para vosotros es la promesa, y para vuestros hijos, y para todos los que están lejos, y para cuantos el Señor nuestro Dios llame. Y les exhortó: Sálvense de esta generación perversa. Y los que recibieron la palabra fueron bautizados, y fueron admitidas aquel día como tres mil personas; y perseveraron en la doctrina de los Apóstoles, y en la comunión, en la fracción del pan y en las oraciones. Había miedo en cada alma y los Apóstoles realizaron muchas maravillas y milagros. Y todos los que creían estaban unidos y tenían todo en común, y vendían sus propiedades y bienes y los repartían a cada uno, según la necesidad de cada uno."

Este extracto caracteriza perfectamente la conversión positiva de aquellas personas sencillas y humildes que estaban incluidas en las filas de la Nueva Doctrina, del desinterés, de la humildad, de la bondad, del desprendimiento, del amor, que Cristo había anunciado, y por la que no lo hicieron. temer o retroceder ante la atroz muerte en la cruz.

El bautismo mencionado en los Hechos es el bautismo de adopción de la Nueva Fe. No juzguen este bautismo, ni lo comparen con los bautismos de las Iglesias que desnaturalizaron el cristianismo, estableciendo cultos y sacramentos exóticos, que no hablan al alma, ni al corazón y solo han servido para producir incrédulos y fanáticos.

El bautismo de los Apóstoles fue un signo que debía producir inmediatamente otro signo visible de demostración de fe, haciendo del individuo una nueva criatura, en su palabra, en su comportamiento, en su palabra, en sus acciones e incluso en su pensamiento. No era más que una señal, una señal invisible, porque estaba hecha con agua que no dejaba marca, pero que solo servía al individuo para dar la impresión que necesitaba producir signos visibles de su regeneración, de su conversión. El agua no tenía valor. Mera exterioridad para satisfacer exigencias personales, no podría representar el bautismo de Jesús, o del espíritu, recomendado por Juan Bautista. Y esto concluye lógicamente, leyendo atentamente el capítulo 2:43 y siguientes, que esbozan el modo de vida de la conversación. *"Y había temor en cada alma, y los Apóstoles hacían muchos prodigios y milagros. Y todos los que creían estaban unidos y tenían todo en común, y vendían sus propiedades y bienes y los repartían a cada uno, según la necesidad de cada uno."*

El bautismo produjo en ellos este signo visible y los hizo querer por todos.

LA SANACIÓN DE UN COJO Y EL DISCURSO DE PEDRO

"Pedro y Juan subieron al templo para la oración de la hora novena. Y fue tomado un hombre cojo de nacimiento, al cual colocaban todos los días a la puerta del templo, llamado Hermoso, para pedir limosna a los que entraban; y cuando vio a Pedro y a Juan que estaban a punto de entrar en el templo, les rogó que le dieran limosna. Pedro mirándolo a los ojos, junto con Juan, dijo: Míranos. Y él, esperando recibir algo de ellos, los miró atentamente. Pero Pedro dijo: No tengo plata ni oro, pero lo que tengo os doy; en el nombre de Jesucristo de Nazaret, camina. Y tomándolo de la mano derecha, lo levantó; e inmediatamente sus pies y dedos se afirmaron, y dando un salto, se puso de pie y comenzó a caminar; y entró con ellos en el templo, caminando, saltando y alabando a Dios. Y todo el pueblo lo vio caminar y alabar a Dios, reconociendo que éste era el hombre que sentaba a dar limosna a la puerta del templo, todos se llenaron de admiración y asombro por lo que le había sucedido." – Hechos, 3:1 a 10.

Esta narración tan sencilla, cuyo hecho no contiene ningún carácter milagroso, pues son innumerables los casos de curaciones narrados en los Evangelios e incluso en el Antiguo Testamento, demuestra una vez más que la "Curación de los Enfermos", mediante la acción psíquico–magnética, es parte del programa de Jesús, como bien lo proclaman los discípulos y el Espiritismo.

En efecto, el trabajo, o mejor dicho, la misión del apostolado no consiste en cultos, ni está bajo la acción de tal o cual rito. Su objetivo no puede dejar de ser hacer el bien.

"Vayan a todas partes - dijo Cristo -, sanen a los enfermos, expulsen demonios y anuncien el Evangelio." Y estudiando la vida de los Apóstoles y sus acciones, vemos que todos ellos, asistidos por los espíritus del Señor, limitaron su tarea espiritual a estas recomendaciones.

La vida de los Apóstoles comenzó con su aprendizaje durante el tiempo que siguieron a Jesús, desarrollándose con gran actividad después del paso del Maestro al Más Allá, después de haber recibido el espíritu en el Cenáculo. Antes de Pentecostés no hicieron nada, absolutamente nada, excepto aprender del Señor la forma en que debían actuar, para que la gran religión, el Cristianismo, pudiera ser, o mejor dicho, pudiera constituirse en la religión mundial.

En este pasaje observamos:

1. que los Apóstoles estaban privados de bienes; plata y oro no tenían; pero tenían cosas muy superiores a la plata y al oro, cosas que no se pueden hacer con estos metales, pues las hacían con "don de Dios";
2. que la curación del cojo se realizó mediante un proceso psicomagnético; habiendo utilizado la fijación de los ojos - "míranos", dijo Pedro -, y también establecido contacto con el paciente - Pedro tomándolo de la mano derecha, lo levantó. La curación fue rápida, los miembros entumecidos adquirieron vigor, fortaleciendo los pies y los dedos del paciente.

Como es muy natural, todo el pueblo, lleno de admiración y asombro por lo sucedido, se quedó alrededor de Pedro y de Juan, con los ojos fijos en estos dos Apóstoles, sin comprender el alcance de esta curación y cómo podían realizarla.

Fue cuando Pedro, en el Pórtico de Salomón, decidió hablarles exaltando el poder del Dios, de Abraham, Isaac y Jacob, que glorificaron a Jesús, con ayuda de quien y por cuya fe, aquel hombre se había recuperado.

"No fue, dijo Pedro, ni por nuestro poder ni por nuestra piedad que le hicimos caminar." Y amplió consideraciones doctrinales, recordando la pasión de Cristo, las profecías hechas al respecto, las recomendaciones de Moisés a los israelitas sobre la adopción del joven profeta que Dios debía levantar, así como las profecías de Samuel y de quienes lo siguieron, al respecto.

En el cap. que hemos recogido, el lector encontrará, del versículos 11 al 26, discurso de Pedro en el templo.

Dejamos de entrar en más consideraciones sobre la "Cura de los Cojos", porque, en nuestro pequeño trabajo – "*Histeria y Fenómenos Psíquicos – Las Curas Espíritas*" ya dejamos esta tesis bien defendida, por eso invitamos a los estudiosos del Evangelio a revisar dicho trabajo.

No conviene repetir y repetir el tema, pues nuestro tiempo es escaso, y no conviene que nos apartemos de la tesis anunciada, que es "Vida y *Hechos de los Apóstoles.*"

LA PRISIÓN DE PEDRO Y JUAN

"Mientras Pedro y Juan hablaban al pueblo, los sacerdotes, el capitán del templo y los saduceos se les acercaron enojados por enseñar al pueblo y anunciar en Jesús la resurrección de los muertos; y les echaron mano y los retuvieron hasta el día siguiente; porque ya era de tarde. Pero muchos de los que oyeron la palabra creyeron; y el número de hombres aumentó a casi cinco mil." – Hechos 4:1–4.

Desde que la clase sacerdotal entró en el mundo, la lucha que esta clase libró contra los Apóstoles ha sido perenne. Un sacerdote, cualquiera que sea su credo, no soporta en absoluto a un Apóstol. Para los sacerdotes, los Apóstoles son los pervertidores de conciencia, son magos, hechiceros y tienen demonios.

Dotados de un orgullo atroz, imbuidos de un egoísmo mortal, los sacerdotes de todos los tiempos se consideran representantes de Dios en la Tierra, jefes de todo y de todos. Solo ellos son sabios, solo ellos son virtuosos, solo ellos son santos, solo ellos interpretan la voluntad de Dios. En los banquetes, en las fiestas, en la sociedad, en la familia, los primeros lugares siempre los ocupan los sacerdotes. En las plazas públicas quieren ser saludados; sus sentencias son irrevocables y su palabra infalible.

Dejemos que el lector eche un vistazo al sacerdocio hebreo, al sacerdocio levítico y actualmente al sacerdocio romano y protestante, para comprender mejor nuestra declaración.

En la época, o en los inicios del cristianismo, como lo entendemos por los Evangelios, la acción de los sacerdotes fue tan abyecta que Jesús, el Manso, el Humilde Hijo de Dios, se vio obligado a apostrofarlos.

Casi al final de su obra mesiánica, en vísperas de su condenación, Jesús no se contuvo y lanzó el grito de los siete ayes contra el sacerdocio que, en palabras del Maestro: "Cerró el Reino de los Cielos a los hombres."

Nos abstenemos de transcribir este libelo, no porque ya no seamos solidarios con el Maestro, sino porque en cualquier Nuevo Testamento, católico o protestante, el lector lo encontrará en el cap. 23:13–39, de Mateo.

Son los perseguidores de los profetas, los asesinos de los sabios y los mensajeros de Dios. Raza de víboras, no conocen la justicia, la misericordia y la fe. Están llenos de presas y podredumbre. Devoran las casas de las viudas y sus ojos están siempre fijos en las ofrendas. Tu Dios es el vientre, como dijo Pablo. ¿Cómo podrían ellos, que no sanaron a nadie, soportar la curación realizada por Pedro y Juan? ¿Cómo pudieron los saduceos incrédulos y materialistas oír hablar de la resurrección de Jesús y de la resurrección de los muertos?

Al no poder prohibir a los Apóstoles hablar y prohibirles curar a los enfermos, decidieron arrestar a los que se sentían intimidados por la nueva fe.

¿Y no es esto lo que también hemos observado en la época actual en la que el sacerdocio protestante y romano, especialmente éste, desarrolla una actividad guerrera nunca antes vista, contribuyendo directa e indirectamente a una lucha fratricida que llena los campos de cadáveres?

¿Dónde está el 5º Mandamiento de la Ley de Dios, que la "Santa Madre Iglesia Católica Apostólica Romana" había transcrito en sus catecismos, y la "Santa Iglesia Protestante" también había impreso en sus folletos?

¿El mandamiento solo debe escribirse; y no cumplirse?

Afortunadamente los tiempos pasan como un relámpago y el reino de Dios se acerca. Estos poderosos que siembran desolación y muerte ya están en sus últimos estertores, porque con la próxima venida del reino de Jesús, todo será renovado y la cosecha será dada a quienes den los frutos de la fe y la misericordia.

Finalmente, el texto dice que a pesar de la gran presión sacerdotal que prevalecía sobre los gobiernos de la época, se observaron conversiones masivas, contando ya el cristianismo, en pocos días, solo en los alrededores de Jerusalén, con casi cinco mil hombres.

PEDRO Y JUAN ANTE EL SANEDRÍN

"¡Al día siguiente se reunieron en Jerusalén las autoridades, los ancianos, los escribas, Anás que era el sumo sacerdote, Caifás, Juan, Alejandro y todos los que eran del linaje del sumo sacerdote; y colocándolos entre ellos, preguntaron: ¿Con qué poder o en qué nombre habéis hecho esto? Entonces Pedro, lleno del Espíritu Santo, les dijo: Autoridades del pueblo y ancianos, si hoy nos preguntan sobre el beneficio hecho a un enfermo, cómo fue sanado; sepa a todos vosotros y a todo el pueblo de Israel que en el nombre de Jesucristo de Nazaret, a quien vosotros crucificasteis y a quien Dios resucitó de entre los muertos, en este Nombre este enfermo está aquí delante de vosotros bien. Él es la piedra, despreciada por vosotros los constructores, que se ha convertido en piedra angular. Y en ningún otro hay salvación; porque bajo el cielo no hay otro nombre dado a los hombres en que podamos ser salvos." – Hechos, 5 – 12.

El Sanedrín era, entre los judíos, el Consejo Supremo donde se decidían los asuntos de Estado y de religión. De la narración anterior se puede juzgar bien la justicia de aquella época, cuya mayoría de miembros pertenecían a la clase sacerdotal, todavía considerada entre las más grandes, como Anás y Caifás.

Imagínese el lector qué ambiente apremiante había en aquel lugar, absolutamente hostil hacia los Apóstoles. No era un consejo en el que la Justicia tendría su asiento consejo principal, sino más bien bastardo, apasionado, en el que predominaron el odio, el rencor y el deseo de venganza y muerte.

Pero el espíritu lo domina todo. Contra el espíritu nada puede prevalecer; ni opresión, ni soborno, ni malicia, ni fuerza, ni poderes terrenales.

Conmovido por los espíritus, Pedro, como una vez en la costa de Cesárea; y en el Cenáculo de Jerusalén, se puso de pie, y en tono severo, sin vacilar, empuñando la espada de dos filos que es la palabra de verdad y justicia, repitió, con todo el ardor de su corazón, lo que ya había dijo en su discurso en el templo, añadiendo que el nombre de Jesús está sobre todos, sobre todo y era en virtud de este Nombre que el cojo, entonces presente, había obtenido el uso de los miembros enfermos.

Llenos de intrepidez, sin temor a la condenación y a la muerte, los dos Apóstoles aprovecharon la oportunidad para expresar entre los líderes que constituyeron el Consejo, las razones de su Fe, añadiendo valientemente que bajo el cielo no hay otro Nombre en el que podamos estar salvos, excepto el de Jesucristo.

LA IMPOTENCIA DEL SANEDRÍN – PEDRO Y JUAN SON LIBERADOS

"Y cuando vieron la osadía de Pedro y de Juan, y vieron que eran analfabetos e ignorantes, se maravillaron; y reconocieron que habían estado con Jesús; al ver con ellos al hombre que había sido sanado, no tenían nada que decir en contrario. Les ordenaron salir del Sanedrín y consultaron entre ellos, diciendo: ¿Qué haremos con estos hombres? Porque en verdad es claro para todos los que viven en Jerusalén que un milagro notable fue realizado por ellos, y no podemos negarlo, pero para que ya no se propague entre el pueblo, amenacémoslos con que de ahora en adelante no hablarán en ese Nombre a cualquier hombre. Y llamándolos, les ordenaron en absoluto que hablaran ni enseñaran en el nombre de Jesús. Pero Pedro y Juan les respondieron: Si es justo delante de Dios oíros a vosotros antes que oír a Dios, juzgad vosotros, porque no podemos dejar de hablar de las cosas que hemos visto y oído. Y después de amenazarlos aun más, los soltaron, no encontrando motivo para castigarlos por causa del pueblo, porque todos glorificaban a Dios por lo sucedido; porque el hombre a quien se le había practicado esta curación milagrosa tenía más de cuarenta años." – 13–22.

Por muchas artimañas que los sacerdotes lanzaron contra los dos Apóstoles, no pudieron mantener a esos hombres en prisión. Ellos mismos reconocieron los poderes de los Apóstoles manifestados públicamente en el Sanedrín, por Pedro y Juan, y dijeron abiertamente que habían realizado "un gran milagro." Pero no les convenía en absoluto que la gloria de Dios fuera proclamada con la manifestación de las maravillas que sus Apóstoles tenían el poder de realizar.

Si se inclinaran, si se sometieran a la voz de los Apóstoles, tendrían que renunciar al mando, a los primados, a los primeros lugares, al brazo del César y se aniquilarían, dejarían de ser sacerdotes y su egoísmo, y el orgullo no les permitió hacerlo.

La ambición de mandar, la sumisión al dinero, el deseo de aparecer, constituyen y han constituido, en todo tiempo, prerrogativa del sacerdocio.

Al no poder mantenerlos en prisión, ya que sería muy fácil que el pueblo se rebelara si eso sucediera, no les quedó más remedio que liberarlos. Pero solo lo hicieron después de grandes amenazas y promesas macabras si "hablaban o enseñaban en el nombre de Jesús."

Pero los Apóstoles inmediatamente respondieron que no podían someterse a sus órdenes, en detrimento de las órdenes de Dios. Que ellos mismos juzguen la cuestión: si era posible obedecerlos a ellos o a Dios.

Liberados de la prisión, recibieron una gran expresión de regocijo por parte del pueblo, y elevaron una ferviente oración de gracias al Señor por librarlos de enemigos tan hostiles, restituyéndolos a la obra del Apostolado, sanos y salvos, y con aun más fe y más vigor que antes.

La hermosa oración, digna de ser leída, se encuentra en el mismo capítulo en el que nos detenemos, v. 23–31.

Lucas dice que, terminada la oración, el lugar donde estaban reunidos tembló, el espíritu se manifestó nuevamente entre todos y hablaron libremente la palabra de Dios.

Un extracto de dicha oración es verdaderamente edificante.

"¡Señor! mira las amenazas de nuestros enemigos, y concede a tus siervos, que puedan hablar libremente tu palabra mientras extiendes tu mano para sanar, y que se hagan milagros y prodigios en el nombre de tu santo siervo Jesús."

COMUNIDAD CRISTIANA

"Y en la comunidad de los que creían, el corazón era uno y el alma una, y ninguno decía que nada de lo que poseía era suyo, sino que todo entre ellos era común. Y con gran poder los Apóstoles dieron su testimonio de la resurrección del Señor Jesús, y hubo gracia abundante en todos ellos. Porque no había entre ellos ningún necesitado; porque todos los que poseían tierras o casas, vendiéndolas, traían el precio de lo vendido y lo depositaban a los pies de los Apóstoles; y fue distribuido a cada uno según su necesidad." – v. 32–35.

La Doctrina de Jesús es la religión de la paz, la fraternidad, el desapego y, finalmente, el amor sincero. Jesús no admitió el orgullo y el egoísmo, principales factores de la desorganización social.

En el encuentro del Maestro con Zaqueo, de sus propuestas y del anuncio de Jesús: "Hoy ha entrado la salvación en esta casa", se puede concluir perfectamente el pensamiento interior del Señor.

También es muy llamativa su Palabra sobre el Rico y Lázaro.

El extracto de su Sermón de la Montaña que comienza: *"No hagáis tesoros en la Tierra"* es más que categórico. En Mateo, 6:19–34, los lectores juzgarán mejor estos preceptos.

Las órdenes del Señor a sus discípulos de no llevar oro ni plata, ni bolsas, demuestran muy bien el desapego de los bienes terrenales que cada uno debe tener.

Y lo interesante es que todas estas ordenanzas concuerdan perfectamente con los preceptos de Juan Bautista, quien fue el precursor de Jesús. La predicación de Juan es un llamado a la humildad, al arrepentimiento y al desapego de los bienes de la Tierra.

En el cap. 3:10, cuando el pueblo preguntó a Juan qué debían hacer, el Bautista respondió: *"El que tiene dos túnicas, dé una al que no tiene; y el que tiene comida, que haga lo mismo."*

Para decirlo sin rodeos, según el lenguaje de los tiempos actuales, los dos grandes revolucionarios cristianos eran abiertamente comunistas.

No hay nadie que, leyendo los Evangelios y el Nuevo Testamento, pueda cuestionar esta verdad.

Naturalmente no fue un comunismo materialista, que degenera en anarquismo, pero podríamos llamarlo comunismo cristiano, con todas las insignias de fraternidad, igualdad y libertad.

Estas tres palabras, bajo la Paternidad de Dios, representan la trilogía divina.

Se estrechan y se compenetran. No es posible separarlos, pues perderían su verdadero significado.

En efecto, ¡cómo se puede practicar y juzgar la igualdad sin la fraternidad, cuando solo la fraternidad puede regular la igualdad con justicia! La igualdad, tomada arbitrariamente, es imposible de implementar. En el propio Universo vemos que la Ley que reina es la de absoluta desigualdad. No hay estrella que sea absolutamente parecida a otra: no hay ningún río igual a otro en la Tierra; no hay dos hojas iguales en un árbol, como tampoco hay dos árboles iguales. En nuestras propias manos no tenemos dos dedos iguales.

La desigualdad es el escudo de armas del Universo. Sin embargo, todo vive, todo progresa, todo se mueve, porque todo está regido por una Ley, que tiene acción tanto en los grandes como en los pequeños; sobre una gota de agua, un grano de arena, como sobre los ríos más caudalosos, el Sol más poderoso, la estrella más portentosa que se balancea en el éter. El éter mismo está bajo la dirección de esta Ley de Unidad que gobierna la diversidad.

La ley de la relatividad descubierta por Einstein es una pura verdad y no solo se aplica a las grandes cosas, sino también a las más pequeñas, la igualdad y la libertad son, por tanto, leyes que solo pueden regirse por la Ley de la fraternidad.

En la "comunidad cristiana", como vemos en los Hechos, todos los bienes de los cristianos se reducían a dinero, siendo estos bienes depositados para el bien de la comunidad; es decir, de todos, y administrados por los Apóstoles. Queda muy claro en el texto que la distribución se hacía periódicamente a cada persona según sus necesidades.

En la "comunidad" no había propiedades reservadas, bienes personales, sino que lo que había era de todos, por eso no había entre ellos nadie necesitado.

Esta unión, solidaridad fraterna, constituyó una fuerte contribución para que el poder de Dios se manifestara a través de ellos. El testimonio que daban de su fe, de su estricta obediencia a los preceptos de Cristo, los hacía respetados e incluso temidos, por las maravillas que estaban ocurriendo.

El texto dice que José, compañero de Matías, había sido invitado por los once, a participar en el Apostolado, pero le tocó la suerte, y como José tenía una propiedad, un campo, la vendió, entregando el dinero a los Apóstoles. José fue llamado Bernabé, que significa hijo de exhortación; es decir, de consolación. José era de la Tribu de Levy, nacido en Chipre.

No podemos terminar este capítulo sin hacer referencias al modo en que las Iglesias oficiales, especialmente la Iglesia romana, han interpretado esta resolución de los Apóstoles sobre la constitución de la "comunidad cristiana."

Las Iglesias, unas instituyendo el diezmo, otras viviendo, con sus numerosas asociaciones, cofradías, conventos, templos y curas, sacerdotes y frailes, monjas, a costa del pueblo, basan su actitud, en los versos antes descritos, de los Hechos, desviándose así por completo del pensamiento apostólico.

En las congregaciones primitivas, como la que reunió a 5.000 almas en Jerusalén, todos compartían los bienes, todos comían el mismo pastel, todos vestían del mismo linaje.

En la Congregación Católica es muy diferente, son los sacerdotes quienes viven a costa del pueblo y con los regalos y donaciones que reciben llenan sus cofres de oro, plata y piedras preciosas; adquieren granjas y tierras, construyen granjas y palacios, e incluso establecen un Estado separado, como el Vaticano. No les faltan carruajes, automóviles, radios, teléfonos, telégrafos. Los párrocos de todas las ciudades, cuando no tienen propiedades, tienen depósitos más o menos importantes en los bancos.

En todo el mundo, los edificios - iglesias y catedrales -, se construyen a expensas del pueblo y; sin embargo, son propiedad del catolicismo.

El "comunismo romano" es una obra de admirable astucia. La Iglesia recibe todo y no da nada.

Sin embargo, también son "comunidades", donde todos los clérigos participan del producto recaudado en sus arcas.

No podríamos dejar de resaltar este hecho digno de mención, para dejar claro, una vez más, que la obra sacerdotal es la antítesis de la obra apostólica. Mientras los Apóstoles se esfuerzan por poner en práctica los preceptos del Señor, los sacerdotes distorsionan y devalúan la obra del cristianismo. Los Apóstoles y sus discípulos vivieron para la religión, sacrificando incluso sus bienes en beneficio de la comunidad.

Los sacerdotes viven de la religión, traficando con cosas santas y chupando dinero de los hombres para vivir cómodamente, siempre fuera de la ley del máximo esfuerzo.

ANANÍAS Y ZAFIRA

"Pero un hombre llamado Ananías, con su mujer Zafira, vendió una propiedad, y retuvo parte del precio, también su mujer lo sabía, y tomando parte de ella, la puso a los pies de los Apóstoles. Y Pedro les dijo: Ananías, ¿por qué ha llenado Satanás tu corazón para que mientas al Espíritu Santo y retengas parte del precio de la tierra? Si yo no lo hubiera vendido, ¿no habría sido tuyo y no estaba en tu poder el precio de la venta? ¿Cómo formaste este plan en tu corazón? No mentiste a los hombres, sino a Dios. Al oír Ananías estas palabras, cayó y expiró; y un gran temor sobrevino a todos los que oyeron. Y se levantaron los jóvenes, lo amortajaron, y sacándolo, lo sepultaron. Después de un intervalo de unas tres horas, su esposa entró sin saber lo que había sucedido. Y Pedro le preguntó: Dime, ¿vendiste el terreno en tanto? Ella respondió: sí, por lo tanto. Pero Pedro le dijo: ¿Por qué habéis acordado probar el Espíritu del Señor? Mira los pies de los que sepultaron a tu marido a la puerta, y te sacarán. Inmediatamente cayó a sus pies y expiró; y cuando entraron los jóvenes, la encontraron muerta, y sacándola, la enterraron junto a su marido. Y vino gran temor sobre toda la iglesia y sobre todos los que oían estas cosas." –Hechos, 5:1–11.

La misión de los Apóstoles, desde sus inicios en el Cenáculo de Jerusalén, estuvo acompañada de un gran aporte de fenómenos ostensibles verdaderamente sorprendentes y maravillosos.

El estudioso de los Hechos queda absorto al contemplar la descripción de tales hechos, que a veces se asemejan a una brisa que susurra, a veces a una chispa que truena y aterroriza. Una palabra de los Apóstoles cura a los enfermos, cura los miembros paralizados. En cambio, una acusación que hace cualquiera de ellos, somete al delincuente, lo socava, lo masacra.

El caso de Ananías y Zafira es verdaderamente conmovedor, y si meditamos con madurez lo ocurrido con el matrimonio que aspiraba a ingresar a la comunidad cristiana, no podemos dejar de ver la acción destructiva de un enemigo de la nueva fe, arrojando tanto al marido como a esposa, al mismo tiempo, cuando se vieron descubiertos y censurados por Pedro, como el tentador que quería deprimir al Espíritu Santo, introduciendo en la nueva asociación a individuos sumisos a su influencia nociva. Esta expresión de Pedro nos aclara este punto: "Ananías, ¿por qué ha llenado Satanás tu corazón para mentir al Espíritu Santo y retener parte del precio de la tierra?"

¿Será tal vez esta una frase mortal para infundir miedo en quienes, candidatos al naciente cristianismo, deberían tener sumisión a las exhortaciones de lo Alto y suficiente humildad para poder participar de los dones celestiales?

El caso que acabamos de leer parece ser uno de esos casos de posesión del espíritu que dejaron al matrimonio de Ananías en estado de catalepsia; es decir, de muerte aparente. Estos fenómenos eran muy comunes en Judea, como leemos en el Nuevo Testamento.

En los Evangelios tenemos, por ejemplo, el caso de la "hija de Jairo", el "hijo de la viuda de Naín", y aun más parecido al que estudiamos, el "epiléptico que fue arrojado al agua y al fuego" por el espíritu" (Marcos, 9:14–29) y cuando Jesús ordenó su traslado, arrojó al niño al suelo, dejándolo por muerto, al punto que el pueblo dijo: "Murió" (v. 26).

En otras obras[1] ya hemos tratado con más detalle estos casos de catalepsia, y en *"El Libro de los Médiums"*, de Allan Kardec, los lectores estudiarán mejor estos fenómenos de sometimiento y posesión.

Estas crisis, una vez en Judea, fueron tomadas como un estado de muerte y seguidas de un entierro casi inmediato.

---

[1] *"Espíritu del cristianismo"* y *"Parábolas y enseñanzas de Jesús"*, 3ª edición. Ver también: *"La vida en el otro mundo."*

Sea como fuere, en el caso de Ananías y Zafira, nos inclinamos a creer que tal entierro no había tenido lugar, sino que ambos fueron retirados por los jóvenes de la comunidad; después de la crisis que les había sobrevenido, recobraron el sentido. La narración de Lucas es incompleta, no dice nada más sobre el matrimonio de Ananías y las consecuencias de su "muerte", de la que los Apóstoles serían considerados responsables y severamente castigados. No se registra ningún proceso al respecto. El arresto de todos ellos, relatado en los versículos 17 y siguientes, no fue en absoluto por delito de muerte, sino por delito de curaciones.

Ahora bien, si la audacia y el absolutismo sacerdotal de aquella época llegaron al colmo de encerrar en prisión a los Apóstoles por curar a los enfermos, ¡qué no harían tales sacerdotes si uno de ellos matara a cualquier individuo!

¿Y sería posible que los sacerdotes, la policía, los agentes del Gobierno, pudieran ignorar en un tiempo de opresión como aquel en el que se encontraban los discípulos de Jesús y de terrible persecución, que los sacerdotes y gobiernos de la época llevaban a cabo contra los discípulos de Jesús, ¿si se hubiera producido la muerte de Ananías y Zafira?

Lo que podemos concluir del capítulo transcrito de los Hechos es que los Apóstoles no admitían en su comuna a hipócritas o mentirosos, y por eso creyeron prudente expulsar de ella a aquellos neófitos que, en palabras de Jesús, no se encontraban a sí mismos, como es necesario para quienes asisten al gran banquete, vistiendo el traje nupcial.

Tampoco hay que decir que los Apóstoles exigían todos sus bienes a quienes se unían a sus filas. De estas palabras de Pedro se desprende claramente que querían regalos espontáneos y no forzados: "Quizás si no lo vendieras, no sería tuyo; y vendido, ¿no estaba en tu poder el precio?

MILAGROS Y CURAS – LA PRISIÓN DE LOS APÓSTOLES

"Y muchos milagros y prodigios fueron hechos entre el pueblo por manos de los Apóstoles; y estaban todos unánimes en el pórtico de Salomón; de los demás; sin embargo, ninguno se atrevió a unirse a ellos, sino que el pueblo los engrandecía; y cada vez más creyentes se unían al Señor, hombres y mujeres en gran número; hasta el punto de llevar a los enfermos por las calles y colocarlos en camas y esteras, para que cuando Pedro pasara, al menos su sombra cubriera a uno de ellos. Y también de las ciudades vecinas a Jerusalén venía una multitud, trayendo enfermos y atormentados por espíritus inmundos; quienes fueron todos curados.

Pero cuando se levantaron el Sumo Sacerdote y todos los que estaban con él, que eran de la secta de los saduceos, se llenaron de envidia, arrestaron a los apóstoles y los metieron en la cárcel pública. Pero un ángel del Señor abrió de noche las puertas de la cárcel, y sacándolos, les dijo: Id, y poneos en el templo, y hablad al pueblo todas las palabras de esta vida. Y cuando oyeron esto, entraron al templo de madrugada y enseñaban. Pero cuando aparecieron el Sumo Sacerdote y los que estaban con él, convocaron al Sanedrín y a todo el senado de los hijos de Israel, y enviaron a los oficiales a la cárcel para que los trajeran. Pero los oficiales que fueron allí no los encontraron en prisión; y al regresar, informaron: Encontramos la cárcel cerrada con toda seguridad y los guardias en las puertas, pero cuando las abrimos, no encontramos a nadie dentro. Y cuando el capitán del templo y los principales sacerdotes oyeron estas palabras, quedaron perplejos acerca de sí mismos y de lo que esto sería, y vino uno y les anunció: He aquí, los hombres que habéis puesto en prisión, están de pie en el templo y enseñando. la gente. Entonces el capitán y los oficiales fueron y los trajeron sin violencia, porque tenían miedo de ser apedreados por el pueblo. Y habiéndolos traído, los presentaron al Sanedrín. Y el Sumo Sacerdote les interrogó, diciendo: Os advertimos expresamente que no enseñéis en ese Nombre, y he aquí, habéis llenado a Jerusalén con vuestra enseñanza y queréis traer sobre nosotros la sangre de este hombre. Pero Pedro y los Apóstoles respondieron: es importante obedecer a Dios antes que a los hombres. El Dios de nuestros padres resucitó a Jesús, a quien vosotros matasteis colgándolo de un madero; a Él elevaron a Dios con su diestra a príncipe y Salvador, para dar a Israel arrepentimiento y remisión de pecados. Y nosotros somos testigos de estas cosas y demás: el Espíritu Santo, que Dios dio a los que le obedecen. – Hechos, 5:12 – 32.

El cristianismo es un encuentro, una congregación completa de buenas obras. Así como el mundo no se compone únicamente de tierras, mares y ríos, sino que es todo lo bueno, útil, indispensable para la vida, la educación y el progreso, así también el cristianismo es sustancia, es luz, es vida para todos los que se unen a él.

Todos los dones, todas las facultades, como claros abiertos a un mundo nuevo, todo lo indispensable a la vida moral y espiritual, que exalta el corazón, que sustancia el cerebro, que ennoblece el alma, que eleva, dignifica y espiritualiza al hombre, encontramos de todo en el cristianismo. Observemos la unión de aquellos creyentes que formaron la comunidad cristiana: su desinterés, su espíritu de concordia, paz, humildad y por otra parte las extraordinarias lecciones que los Espíritus Santos les dieron a través de los Apóstoles; observemos los hechos maravillosos que se desarrollaban constantemente ante sus ojos, el desarrollo de escenas admirables y patéticas que resonaban de pueblo en pueblo de Judea, atrayendo a hombres, mujeres, niños; Son los que iban a beber del cáliz de la revelación la sabiduría que exalta, el amor que embalsama, la fe que salva; enfermos, algunos caminando temblorosamente, pero sobre sus propios pies, otros llevados por manos piadosas en camas y camillas, de modo que cuando Pedro pasó, ¡al menos su sombra cubrió a uno de ellos!

Imagínese las peregrinaciones que llenaban los caminos, procedentes de todas las ciudades de los alrededores hacia Jerusalén, conduciendo atormentados por las enfermedades, y subyugados por espíritus obsesivos, que recibieron la salud, la medicina que los liberó del mal!

Obsérvese aun más las predicaciones de los Apóstoles que portaban la Doctrina del Resucitado en un ataúd triunfal, al mismo tiempo que enfrentaban la ira herodiana de sacerdotes y gobiernos con esa audacia que les era propia, ¡con ese coraje que solo los Espíritus Santos podrían darles, y habrían impreso ante tus ojos una imagen aun muy mal perfilada, del heroísmo en su máxima expresión, de la verdad con sus fulguraciones modeladas en colores inéditos, no solo para aquellos entonces, sino incluso para la gente de hoy!

¿Podemos, tal vez, admitir que los grandes pueblos de aquella época, los sacerdotes que se llamaban a sí mismos guardianes de la Ley, no vieron ante sus ojos lo que otros, de tierras lejanas, observaban y entendían?

Vieron y supieron que una nueva luz había descendido al mundo, pero la envidia, cuando denigra el alma, cambia todos los colores, oscurece todo entendimiento, endurece el corazón y desorienta el espíritu, arrojándolo a los estragos de la incredulidad y la materialidad.

El Sumo Sacerdote y todos los que con él estaban, heridos en su orgullo, llenos de envidia, porque a pesar de su grandeza no podían hacer lo que hacían los Apóstoles, a pesar de su sabiduría, siendo absolutamente impotentes para imitar a los humildes pescadores, los arrestaron y los llevaron a prisión.

No podían prever que el recurso extremo que utilizaban, contra la ley, contra la justicia, contra la verdad, sería otra oportunidad, proporcionada al espíritu, para su manifestación ostensible, destruyendo el poder de los poderosos y dando fuerza a los humildes.

Y así sucedió, el espíritu que mueve el aire y hace temblar la tierra, el espíritu que lleva en sus poderosas manos las llaves de todas las cárceles, el fuego que todo lo consume, no podía permitir que sus representantes e intermediarios permanecieran en prisión bajo el yugo de grilletes.

Y así, liberados de prisión y con orden expresa de predicar en el templo, fueron encontrados los que, secuestrados, alejados de su tarea espiritual, tuvieron, a su vez, la oportunidad de ver y sentir la misericordia de Dios y su gran fuerza.

¡Qué maravillosos fenómenos! ¡Y quién mejor que el Espiritismo puede aclararlas, explicarlas, confirmarlas y glorificarlas!

Porque, incluso después de la deslumbrante manifestación que acababan de presenciar, el Sumo Sacerdote y sus compañeros no se dieron por vencidos y trataron, una vez más, de subyugar a los Apóstoles, valiéndose de su autoridad y prestigio.

Pero sus intenciones no surtieron efecto: "Es necesario obedecer a Dios antes que a los hombres", dijo Pedro.

¡Cuán luminosas son estas palabras y qué pocos son los que hoy las obedecen, incluso 1900 años después de la manifestación del Hijo del Altísimo en la Tierra! La vida de los Apóstoles y sus acciones constituyen un espejo que refleja las luces del cristianismo puro. Quien los estudie y se esfuerce en imitarlos no dejará de tener las bendiciones de Jesús y la protección de los espíritus eminentes que dirigen la falange del Consolador que ya está en el mundo.

LA OPINIÓN DE GAMALIEL

"Pero cuando oyeron esto, se enojaron y quisieron matarlos. Sin embargo, cuando se levantó en el Sanedrín un fariseo llamado Gamaliel, doctor de la ley, respetado por todo el pueblo, mandó sacar a los Apóstoles por un momento, y dijo: Israelitas, considerad bien lo que vais a hacer con estos hombres. Hace algún tiempo se levantó Teudas, diciendo que era algo, y se le unieron unos cuatrocientos hombres; y fue muerto, y todos los que le obedecían fueron disueltos y reducidos a la nada. Después de esto se levantó Judas el Galileo en los días del alistamiento y tomó consigo a muchos; él también pereció, y todos los que le obedecían fueron esparcidos. Y ahora os digo: No os entrometáis con estos hombres, sino dejadlos; porque si este consejo o esta obra es de hombres, será destruido; pero si es de Dios, no podréis deshacerlo, no sea que os sorprendan aun peleando contra Dios. Y estuvieron de acuerdo con él; y llamando a los Apóstoles, los azotaron y les ordenaron que no hablaran en el nombre de Jesús, y los soltaron. Entonces salieron del Sanedrín, gozosos de haber sido declarados dignos de sufrir vergüenza por el nombre de Jesús; y todos los días en el templo y en las casas no dejaban de enseñar y predicar a Jesús, el Cristo." Hechos 5:33 – 42.

El Apóstol dijo: "Yo, con Dios, lo soy todo; y sin Dios, aunque estoy con los hombres, nada soy."

Los que están bajo el Amor de Dios son rectos en sus juicios y sabias sus sentencias.

El juicio de Gamaliel se recuerda a cada paso para iluminar a quienes caminan en sombra de muerte.

Todo consejo y toda obra solo pueden prevalecer si están apoyados por la influencia divina.

Jesús dijo: *"Todo pasa, la tierra pasa, los cielos pasan, pero mi palabra no pasará."* Y en otra ocasión añadió: *"La palabra que habéis oído no es mía, pero el Padre me dice cómo debo hablar."*

¡Cuántas obras han desaparecido de este mundo! ¡Cuántos concilios se han disuelto!

Del Templo de Jerusalén, que costó cuarenta años de obras, no quedó piedra sobre piedra.

¿Dónde están los grandes monumentos que fueron orgullo de las civilizaciones extintas? Todo ha pasado y todo pasa.

Si los hombres, antes de destruir una obra o extinguir un concilio, observaran si tal obra o consejo provienen o no de Dios, tomarían, sin duda, mejores decisiones y evitarían el sufrimiento y el dolor causado por juicios injustos.

Gamaliel, sabio doctor de la ley, miembro del Sanedrín, aunque también fariseo, no se dejó llevar por el absolutismo sacerdotal y, alzando la voz en el momento en que debía probar su conciencia ante Dios, comenzó recordando el fracaso de quienes persiguieron a Teudas, Judas y el Galileo.

Más hoy, más mañana, los perseguidores serán perseguidos y sus juicios se revelarán como obra manifiesta de iniquidad. El mundo, lamentablemente, está bajo la acción de la iniquidad, pero todos aquellos que temen a Dios deben abstenerse de juicios injustos, siempre basados en juicios infundados, ya que la justicia divina vendrá sin piedad sobre quienes no tienen piedad.

Los Apóstoles, por lo que hemos observado, llevaron a cabo su tarea con gran valentía, independientemente de los mandatos clericales, contrariamente a las órdenes arbitrarias dadas por los representantes del gobierno de Jerusalén; azotados, insultados, calumniados y perseguidos, se glorificaron en sus propias heridas, por haber sido hallados dignos de sufrir injurias por el nombre de Jesús. Y nunca se cansaron de enseñar en el templo y de predicar a Jesús, el Cristo.

¡Un ejemplo edificante el que nos dejaron!

¿Quién podrá seguir sus pasos? ¿Quién podrá imitar esta abnegación, el espíritu de sacrificio, el desapego de las cosas terrenas, este gran amor a la verdad?

Solo practicando esto, solo observando estrictamente sus preceptos y acciones podremos acercarnos a Jesús y merecer del Maestro el noble título de sus discípulos.

Para concluir, recordamos a los lectores la frase de Gamaliel, que fue maestro de Saúl cuando tienen que juzgar a sus semejantes y erigirse en jueces de los hombres: "Si este consejo o esta obra es de hombres, deshará sí mismo; pero si es de Dios, no podréis deshacerlo, no sea que lo seáis, tal vez encontrado, incluso luchando contra Dios."

DISPENSADORES COMUNITARIOS

"En aquellos días; sin embargo, a medida que crecía el número de discípulos, hubo un murmullo entre los helenistas contra los hebreos, porque sus viudas eran olvidadas en la distribución diaria. Y los doce reunieron a la comunidad de los discípulos y dijeron: No nos es justo abandonar la palabra de Dios y servir las mesas. Pero, hermanos, escoged de entre vosotros siete hombres de buena reputación, llenos de espíritu y de sabiduría, a quienes encargaremos de este servicio; y atenderemos continuamente a la oración y al ministerio de la palabra. Y la opinión agradó a toda la comunidad, y eligieron a Esteban, hombre lleno de fe y del Espíritu Santo, a Felipe, a Prócoro, a Nicanor, a Timón, a Pármenas y a Nicolás, prosélito de Antioquía, y los presentaron ante los Apóstoles, y éstos, habiendo orado, les impusieron las manos." – Hechos, 6: 1– 6.

El establecimiento de la Comuna, entre los cristianos, se convirtió en un hecho. Fue necesario nombrar dispensarios, sin los cuales se obstaculizaría la obra de los Apóstoles. ¡Cómo podrían satisfacer sus compromisos doctrinarios, dedicarse a la oración, curar a los enfermos, etc., si se ocuparan de recibir cosas materiales y distribuirlas entre toda la comunidad!

Además, no querían que las finanzas de la comunidad estuvieran a cargo de ellos. Decidieron confiar esta tarea a personas dedicadas, solidarias y de mentalidad justa, sin otros compromisos específicos. Fue así que acordaron elegir siete hombres, entre los cuales se destacó el poderoso médium- (hombre lleno de fe y del Espíritu Santo - Esteban, quien como veremos más adelante sufrió gran persecución por parte de los fariseísmos, siendo apedreado, en cuya muerte Saulo participó, como él mismo afirmó tras convertirse en Pablo.

La organización de la comunidad se convirtió en un hecho de gran importancia en Judea, y esta institución probablemente encontró fuerte oposición, ya que de ninguna manera podía complacer al sacerdocio dominante, ni al capitalismo, que veía esas nuevas ideas como un peligro para sus fortunas, para su apego al mando y posiciones.

Los "Hechos" no dan información detallada sobre la nueva institución cristiana, pero se presume que siguió siendo una organización admirable. Basta ver la disposición con la que todos los adherentes se despojaron de lo que tenían, entregando sus bienes a la comunidad, para comprender que la clase obrera congregada en la comunidad hizo lo mismo con sus salarios para mantener tal institución.

Esta afirmación es contundente, pues no se podía concebir que una multitud formada por más de cinco mil hombres viviera en completa indolencia, únicamente orando. Naturalmente, antes de ir a trabajar debían decir la oración, y por la noche, los estudios evangélicos bajo la dirección de algunos Apóstoles, además de la oración, pero durante el día se entregaban al trabajo diario, sobre todo porque la comunidad estaba formada por hombres del trabajo, agricultores, trabajadores, pescadores, tejedores, etc.

La concepción de los Apóstoles sobre la fundación de la comunidad puede considerarse una idea muy avanzada para aquella época. Incluso ahora, si se estableciera, no tendría éxito. Una idea prematura es una idea irrealizable y, cuando llega a buen término, su implementación dura poco. Esto es lo que sucedió durante la época de la propaganda cristiana. No discutiremos en este trabajo las ventajas o desventajas del establecimiento de comunidades en nuestro tiempo. Baste decir que la comunidad cristiana no produjo resultados. Quien quiere practicar la Doctrina de Jesucristo no trabaja realmente para sí mismo, sino para la comunidad. Le debemos a la Humanidad todo lo que tenemos, porque ella vive perfectamente sin el apoyo de ninguno de nosotros y ninguno de nosotros puede vivir sin él.

Las doctrinas personalistas, que apuntan al capitalismo, son egoístas y anticristianas, ya que Cristo ordenó a sus discípulos "amar al prójimo" y el capitalismo es amor personal, cuando muy limitado al amor de la familia.

Sea como fuere, la predicación de los Apóstoles, asistida por los espíritus de la falange de sabios, dio magníficos resultados, aumentando cada día el número de creyentes, e incluso de sacerdotes convertidos a la nueva Fe.

ESTEBAN EN EL SANEDRÍN

"Y Esteban, lleno de gracia y de poder, hacía grandes prodigios y milagros entre el pueblo. Pero algunos de los de la sinagoga, llamados los libertos, los cireneos, los alejandrinos y los de Cilicia y Asia, se levantaron y discutieron con Esteban; y no pudieron resistir la sabiduría y el espíritu con que hablaba, entonces sobornaron a hombres que decían: Le hemos oído hablar palabras de blasfemia contra Moisés y contra Dios; y también alborotaron al pueblo, a los ancianos y a los escribas, y arremetiendo contra él, lo prendieron y lo llevaron al Sanedrín, y presentaron testigos falsos que dijeron: Este no cesa de hablar contra el lugar santo y contra la Ley; porque le hemos oído decir que este Jesús Nazareno destruirá este lugar y cambiará las costumbres que nos dejó Moisés. Y todos los que estaban sentados en el Sanedrín, mirándolo, vieron su rostro como el rostro de un ángel." 8–15.

Las manifestaciones de los espíritus ilustran todos los libros sagrados. Tanto en el Antiguo como en el Nuevo Testamento constituyen el fundamento sobre el que se levanta el monumento de la fe que un día cobijará a toda la Humanidad.

Esteban fue un gran médium. Además de los milagros que realizaba públicamente, disfrutaba del don de la sabiduría, del que habla Pablo en su Epístola a los Corintios, y también era médium de transfiguración, como se indica en el extracto. El mismo Lucas, dirigiéndose a Teófilo, dice positivamente que habló con la ayuda del espíritu, o mejor dicho, que el espíritu habló a través de él. Fue, finalmente, un gran médium hablante, una facultad catalogada en *"El Libro de los Médiums"* de Allan Kardec.

Sin embargo, estas manifestaciones y estos dones no agradaron al sacerdocio hebreo, como no agradan al sacerdocio romano y protestante hoy, por lo que era necesario poner fin a todos esos fenómenos, hoy llamados psíquicos o espiritistas.

Y como Esteban era un hombre inmaculado, contra el cual no podía haber queja alguna, dispusieron falsos testimonios, hombres sin vergüenza, sin carácter y sin orgullo, que se vendieron para acusar al gran profeta del Señor.

Nunca ha faltado, y no faltan, Judas en el mundo para traicionar a los demás y vender hasta la propia alma a los plutócratas de todos los tiempos. Así como el mundo está siempre lleno de Herodes, Pilatos, Caifaces, compitiendo para crucificar al primer justo que encuentran.

Vemos; sin embargo, en Hechos, que, a pesar de todas las acusaciones lanzadas contra Esteban, sus propios acusadores y enemigos, mirándolo, vieron su rostro como el de un ángel.

LA DEFENSA DE ESTEBAN Y SU MUERTE

La defensa de Esteban es una pieza de oratoria de gran valor histórico.

El profeta, hombre culto, conoció en profundidad el Antiguo Testamento y, ayudado por el espíritu, para justificar su actitud, habló extensamente sobre la historia del pueblo hebreo, recordando las manifestaciones recibidas por este pueblo, la ley mosaica, y muchos otros pasajes dignos de mencionar.

El sacerdocio judío basó su religión en los libros del Antiguo Testamento, pero lo interpretó literalmente, haciendo lo que hoy hacen los sacerdotes católicos y protestantes, tergiversando el significado de las Escrituras, suprimiendo pasajes, saltándose versículos, etc.

Todo esto ya lo sabía Esteban; es decir, el sistema sacerdotal, pero quiso cumplir con su deber recordando a aquellos hombres que concentraban el poder y la justicia en sus manos, el relato bíblico, en el que también Esteban basó su doctrina.

Y tan pronto como el Sumo Sacerdote le preguntó acerca de la acusación que era víctima, comenzó a hablar:

"Hermanos y padres, escuchen. El Dios de gloria se apareció a nuestro padre Abraham, estando él en Mesopotamia, antes de habitar en Charrán, y le dijo: Sal de tu tierra y de entre tus parientes, y ven a la tierra que yo te mostraré. Luego dejó la tierra de los caldeos y habitó en Charrán. Y de allí, después de la muerte de su padre, pasó por mandato de Dios a esta tierra que ahora habitas, y no le dio herencia en ella, ni siquiera el espacio de un pie; y prometió dárselo a él y después a su posteridad, aunque todavía no tenía hijos. Y dijo Dios que su posteridad sería peregrina en tierra extraña, y que los esclavizarían y matarían por cuatrocientos años; y yo, dijo Dios, juzgaré a la nación de la cual son esclavos, y después saldrán y me servirán en este lugar. Y le dio el pacto de la circuncisión; y así Abraham engendró a Isaac, y lo circuncidó al octavo día; e Isaac engendró a Jacob, y Jacob a los doce patriarcas. Y teniendo los patriarcas envidiosos de José, lo vendieron a Egipto, pero Dios estaba con él y lo libró de todas sus tribulaciones y le dio gracia y sabiduría delante del Faraón rey de Egipto, quien lo hizo gobernador de Egipto y de toda su casa. Pero hubo hambre en Egipto y en Canaán, y gran tribulación, y nuestros padres no encontraron qué comer. Pero cuando Jacob oyó que había trigo en Egipto, envió allí a nuestros padres por primera vez; y en el segundo, José se reveló a sus hermanos, y su linaje se manifestó a Faraón.

Y cuando José envió mensajeros, envió por Jacob su padre y toda su parentela; es decir, setenta y cinco personas. Jacob descendió a Egipto, y allí murieron él y nuestros padres; y fueron trasladados a Siquem y puestos en un sepulcro que Abraham compró por cierto precio en plata a los hijos de Emor en Siquem. A medida que se acercaba el tiempo de la promesa que Dios hizo a Abraham, el pueblo crecía y se multiplicaba en Egipto, hasta que se levantó allí otro rey, que no conocía a José, el cual usó astucia contra nuestra raza y afligió a nuestros padres hasta hacerles rechazar a sus hijos para que no vivan. En aquel tiempo nació Moisés, y era muy hermoso; y durante tres meses se crio en casa de sus padres; y cuando quedó expuesto, la hija de Faraón lo acogió y lo crio como a su propio hijo. Y Moisés fue instruido en toda la sabiduría de Egipto, y fue poderoso en palabras y en obras. Pero cuando tenía cuarenta años, le vino al corazón visitar a sus hermanos, los hijos de Israel. Y viendo a un hombre tratado injustamente, lo defendió y vengó a los oprimidos matando al egipcio. Ahora, pensó que sus hermanos entendían que a través de sus manos Dios los estaba liberando; pero no le entendieron. Y al día siguiente apareció a dos, cuando riñeron, y él procuraba reconciliarlos, diciendo: Varones, sois hermanos; ¿Por qué os maltratáis? Pero el que insultaba a su prójimo lo rechazaba, diciendo: ¿Quién te ha puesto líder y juez entre nosotros? ¿Quieres matarme como mataste ayer al egipcio? Cuando Moisés oyó esto, huyó y peregrinó a la tierra de Madián, donde tuvo dos hijos. Después de otros cuarenta años, un ángel del Señor se le apareció en el desierto del monte Sinaí en una zarza ardiente. Cuando Moisés vio esto, se maravilló de lo que veía; y cuando se acercaba para contemplarla, se oyó esta voz del Señor: Yo soy el Dios de vuestros padres, el Dios de Abraham, de Isaac y de Jacob. Y Moisés temblaba y no se atrevía a mirarlo. El Señor les dijo: Quitaos las sandalias de vuestros pies; porque el lugar en el que estás es tierra santa. De hecho, vi el sufrimiento de mi pueblo en Egipto, oí su gemido y bajé a rescatarlo; ven ahora y te enviaré a Egipto. Este Moisés, a quien no conocían, decían: ¿Quién te ha puesto por gobernante y juez? Dios lo envió como líder y libertador por mano del ángel que se le apareció en la zarza. Él fue quien los sacó, haciendo prodigios y milagros en la tierra de Egipto, en el Mar Rojo y en el desierto, durante cuarenta años. Este es Moisés que dijo a los hijos de Israel: Dios os levantará un profeta como yo de entre vuestros hermanos. Este es el que estaba en la iglesia en el desierto con el ángel que le hablaba en el monte Sinaí; y con nuestros padres; quien recibió palabras de vida para dártelas, y a quien nuestros padres no quisieron obedecer, sino que lo rechazaron y en sus corazones regresaron a Egipto, diciendo a Aarón: Haznos dioses que vayan delante de nosotros; porque a este Moisés que nos sacó de la tierra de Egipto, no sabemos qué le haya acontecido. En aquellos días hicieron un becerro, ofrecían sacrificios al ídolo y se regocijaban en las obras de sus manos. Pero Dios apartó de ellos su rostro y los entregó al culto de los ejércitos del cielo, como está escrito en el libro de los profetas:

¿Me ofrecisteis víctimas y sacrificios durante cuarenta años en el desierto, oh casa de Israel, y no levantasteis la tienda de Moloc y la estrella del dios Rempham, figuras que hicisteis para adorarlos? Así que os llevaré más allá de Babilonia.

Nuestros padres tenían el tabernáculo del testimonio en el desierto, como le mandó el que habló a Moisés, diciéndole que lo hiciera según el modelo que había visto; a quien también nuestros padres, bajo la dirección de Josué, habiéndolo recibido a su vez, lo introdujeron en la tierra, conquistándola de las naciones, a quienes Dios expulsó de su presencia hasta los días de David; quienes hallaron favor ante Dios, y les pidieron que buscaran un tabernáculo para la casa de Jacob. Pero Salomón le construyó una casa. Pero el Altísimo no habita en casas hechas de manos; como dijo el profeta:

El cielo es mi trono, y la Tierra es el estrado de mis pies; ¿qué casa me edificaréis, dice el Señor, o cuál será el lugar de mi descanso?

¿No hizo mi mano todas estas cosas?

¡Duros de cerviz e incircuncisos de corazón y de oídos! Vosotros resistís siempre al Espíritu Santo; así como vuestros padres, así también vosotros. ¿A cuál de los profetas no persiguieron vuestros padres? Mataron a los que antes anunciaron la venida del Justo, de quienes ahora os habéis convertido en traidores y asesinos, vosotros que recibisteis la Ley por ministerio de los ángeles y no la guardasteis."

Este discurso, brillante pieza oratoria del gran profeta del naciente cristianismo, como veremos, no agradó al sacerdocio ni a sus seguidores. Estamos seguros que no agradará aun hoy al sacerdocio de sotana y casaca que continúa, con sus doctrinas fratricidas, dividiendo a la Humanidad, compitiendo incluso con el oro de sus Iglesias por las matanzas en los campos de batalla, como ocurre en estos momentos con la calamidad que asola el Estado de São Paulo.

Por lo tanto, al oír el discurso de Esteban, el Sanedrín y la multitud de subordinados y fanáticos sumisos al sacerdocio judío, se enfurecieron en sus corazones, dice el texto de los Hechos, y rechinaron los dientes contra él. Pero Esteban, lleno del Espíritu Santo, miró al cielo y vio la gloria de Dios, y a Jesús de pie a la diestra de Dios, y dijo: "He aquí, veo los cielos abiertos, y al Hijo del Hombre de pie a la diestra de Dios."

Médium poderoso, se podría decir de todos los efectos, sin carecer siquiera de la clarividencia de las más altas concepciones del espíritu, no temía a la muerte, pues sabía que en el Más Allá de la tumba se desplegaba una vida libre de los mandatos opresivos de la Tierra, ¡y libre de los verdugos y turíferos del poder que vivían incendiando el mal, persiguiendo al justo, calumniando la virtud y negando a Dios!

Aquellos pueblos, que se habían constituido en guardianes de la Ley y jueces de la Justicia, aunque tenían ante sus ojos el cuadro del Decálogo con sus preceptos, para guiarse en la tarea que habían emprendido, violando el reino de los cielos, pronto desobedecería el 5to mandamiento que enseñaba en sus iglesias: *No Matarás*.

Y así vemos en Hechos que, sacando a Esteban de la ciudad, lo apedrearon.

Pero el profeta, que creyó porque comprendió, observó y vio nuevos cielos y nuevas tierras donde existía la Justicia, alzando la voz, arrodillándose en signo de humildad suplicante, clamó al Señor: "Señor, no les imputes este pecado; y entregó su Espíritu."

Lucas dice que Saúl consintió en este ataque.

Se puede concluir, *mutatis mutandis*, que el sacerdocio de la época de Esteban es el mismo que el de la antigüedad, como es el mismo que el de la época lúgubre de la Inquisición. Es el mismo sacerdocio de hoy que absuelve a los asesinos y ladrones y condena a los justos; quien bendice espadas y bautiza cañones; que da comunión con las hostias, representando a Jesucristo, a los que van a las trincheras a matar a sus hermanos; que empuña el sable y el fusil para llevar la muerte a las poblaciones y que, por otro lado, aboga por el vil metal a través de letanías en las calles y misas por las almas de quienes fueron víctimas de los fusiles y ametralladoras bendecidas con hisopo.

Son las mismas personas que llevan cruces simbólicas decoradas con piedras en el pecho para representar a Jesús; que siempre tienen el nombre del Señor en los labios, pero que no tienen al Señor en el corazón, y como los de antaño, cierran los oídos para no escuchar las palabras del Evangelio.

GRAN PERSECUCIÓN CONTRA LOS CRISTIANOS

"Aquel día se levantó una gran persecución contra la iglesia de Jerusalén; y todos, excepto los Apóstoles, fueron esparcidos por las regiones de Judea y Samaria. Y los hombres piadosos enterraron a Esteban. Pero Saúl asoló la iglesia, entró en las casas y, arrastrando a hombres y mujeres, los entregó a la cárcel. Pero los que habían sido esparcidos iban por todas partes predicando la palabra." Hechos, 8:1–4.

Una vez cometida la primera arbitrariedad, las demás son fáciles de ejecutar, pues siempre es la primera la que abre el camino a las demás.

Los restos de Esteban apenas habían sido enterrados cuando el gobierno de Jerusalén, del que formaban parte los principales sacerdotes, decretó la disolución de la comunidad y la persecución de todos los cristianos que formaban parte de ella.

Y como no puede haber resistencia contra la fuerza, los creyentes se dispersaron y esparcieron por las regiones de Judea y Samaria, donde esperaban con temor tiempos mejores en los que pudieran reunirse nuevamente con la influencia del espíritu. El déspota nunca actúa por la razón, sino por la fuerza y la fuerza bruta, porque para el despotismo no existe fuerza moral.

La fuerza moral es compañera de la virtud, censura, enseña, guía y corrige.

Es a través de ella que se hace la convicción y se establece la fe verdadera.

La fuerza física no conoce ni la moralidad ni la virtud; actúa arbitrariamente, quitando vidas, desorientando, desuniendo, creando fanáticos capaces de apedrear a los justos.

El déspota no conoce a Dios, su dios es el mando, el oro, el vientre. No le pidas justicia porque por esta virtud solo conoce la palabra; sacrifica a Cristo y absuelve a Barrabás.

Esto es lo que les pasó a los primeros cristianos. Mientras ladrones y asesinos caminaban impunes por Jerusalén, los creyentes en Jesús fueron disueltos y dispersados a lugares desconocidos.

Fue a estos y otros discípulos que se habían dispersado, y luego se habían constituido en diferentes regiones como el Ponto, Galáctica, Capadocia, Asia y Bitinia, a quienes Pedro dirigió más tarde sus Epístolas, insertadas en el Nuevo Testamento, Epístolas llenas de sustancia. y que revelan claramente la excelente Doctrina que predicó, muy distinta de aquellos principios catequistas que empañan y desnaturalizan el cristianismo.

No podemos resistir la influencia que nos guía a transcribir extractos del gran Apóstol, sin querer dejar de recomendar a todos, no solo la lectura, sino el estudio detenido de todas las Epístolas.

Justo en el 1er capítulo se lee:

"Bendito sea el Dios y Padre de nuestro Señor Jesucristo, que según su gran misericordia nos hizo renacer para una esperanza viva, por la resurrección de Jesucristo de los muertos, para una herencia incorruptible, incontaminada e inmarcesible, reservada en los cielos para vosotros que sois guardados por el poder de Dios mediante la fe para la salvación lista para ser revelada en el tiempo postrero. En el cual os regocijáis, aunque ahora por un poco de tiempo, si es necesario, os habéis sentido afligidos por diversas pruebas, para que la prueba de vuestra fe, más preciosa que el oro que perece incluso al ser probado por el fuego, pueda ser hallada para alabanza, gloria y honor en revelación de Jesucristo; a quien, sin haberlo visto, amas; en quien, aunque ahora no lo veáis, pero creyendo, os exultéis con gozo inefable y lleno de gloria, alcanzando el fin de vuestra fe, la salvación de vuestras almas. De cual salvación los profetas que profetizaban de la gracia que había de venir y vosotros indagabais mucho sobre la salvación, preguntando cuándo y a qué hora era que el espíritu de Cristo que estaba en ellos indicaba al testificar previamente de los padecimientos que habían de venir a Cristo y las glorias que los seguirían; a quienes les fue revelado que, no para ellos, sino para vosotros, administraban estas cosas que ahora os han sido anunciadas por aquellos que, por el Espíritu Santo enviado del cielo, os predicaron el evangelio; a qué cosas los ángeles desean prestar atención."

Más adelante dice:

"Si invocas como Padre a quien, sin dejar de guiarse por el respeto humano, juzga según el trabajo de cada uno, vive con temor durante el tiempo de tu peregrinación, sabiendo que has sido rescatado de tus vanas prácticas que por tradición recibido de vuestros padres, no con cosas corruptibles, como oro y plata, sino con la sangre preciosa de Cristo, como de un cordero sin mancha e incólume, conocida desde antes de la fundación del mundo, pero revelada al fin de los tiempos para por vosotros, que por él tengáis fe en Dios que le levantó de los muertos y le dio gloria, de modo que vuestra fe y esperanza estén en Dios. Ya que habéis purificado vuestras almas en la obediencia a la verdad que conduce al amor sincero de los hermanos, amaos unos a otros ardientemente de corazón, siendo regenerados, no de la simiente corruptible, sino de la incorruptible, por la palabra de Dios, que vive y permanece. Porque toda carne es como la hierba: toda su gloria es como la flor de la hierba; La hierba se seca y la flor cae, pero la palabra del Señor permanece para siempre." (Hechos, 1:17–25).

La doctrina apostólica excluye el culto y el holocausto: no tiene nada en común con los ídolos, las estatuas y los sacramentos de las iglesias: es una doctrina esencialmente espiritual, de culto interior, que exhorta al alma al progreso, a la luz, al amor.

LA ACCIÓN DE FELIPE – CONVERSIÓN DE SIMÓN EL MÁGICO

"Y Felipe, descendiendo a la ciudad de Samaria, les anunció a Cristo. La multitud unánime estaba atenta a lo que decía Felipe, escuchándolo y viendo los milagros que hacía. Porque los espíritus inmundos de muchos endemoniados salían dando grandes voces; y muchos paralíticos y cojos eran sanados; y hubo mucho regocijo en aquella ciudad.

Hacía algún tiempo que había allí un hombre llamado Simón, que practicaba la magia y maravillaba a los samaritanos, diciendo que era un gran hombre; y a esto asistieron todos, desde el pequeño hasta el grande, diciendo: este es el poder de Dios, que se llama Grande. Lo atendieron, porque con su magia los había asombrado durante mucho tiempo. Pero cuando creyeron en Felipe, que les predicaba acerca del reino de Dios y el nombre de Jesucristo, hombres y mujeres fueron bautizados. Creyó también el mismo Simón y, después de ser bautizado, fue continuamente con Felipe y maravillados, viendo los milagros y grandes prodigios que se hacían." – 5 – 13.

Los apóstoles son impermeables, intrépidos porque actúan bajo la influencia del espíritu.

Es el espíritu quien vivifica, anima, consuela, anima y, de hecho, realiza todas las obras. Quienes están bajo la dirección de un buen espíritu realizan maravillas.

Considere lo que les pasó a Elías, Eliseo, Daniel y tantos otros mencionados en la dispensación antigua que terminaron cubriendo la boca de los leones, deteniendo las lluvias y luego haciendo llover sobre la tierra.

Felipe fue agraciado por el espíritu. Allí donde llegaba reproducía los milagros de Jesús: los espíritus inmundos eran expulsados de los poseídos, los paralíticos y los cojos eran sanados y se proclamaba el Evangelio.

Hubo muchos en el mundo que realizaron maravillas, pero ninguno de ellos puede reproducir plenamente lo que hicieron los profetas y Apóstoles del Señor.

En Egipto, los magos solo lograron reproducir tres maravillas que realizó Moisés, pero incluso las serpientes que se convirtieron en sus varas fueron tragadas por la serpiente que el Legislador hebreo transformó de su cayado.

En los primeros tiempos del cristianismo estuvo también Simón, el Mago, que realizó muchos milagros, pues estaba dotado de todas las mediumnidades, menos una, como veremos.

Pero como era un hombre que había recibido el espíritu, inclinó su cuello ante Felipe y proclamó sin reservas su nueva fe en vista de la predicación del Evangelio, que anuncia la recepción del espíritu a todos los que creen en Jesús. Y tan inclinado estaba Simón a las cosas espirituales que continuamente estaba con Felipe y se maravillaba de los milagros y grandes prodigios que se hacían.

Pero Simón era hombre de dinero y deseaba más dones; desconocía la doctrina, por lo que tenía pretensiones que no estaban acordes con el espíritu del cristianismo, como veremos más adelante.

Finalmente, toda Samaria se alborotó ante un hombre que había realizado una gran revolución en esa región. Los creyentes crecían cada día, el Evangelio era proclamado y los discípulos de la nueva fe crecían en número y en virtud, a pesar de todas las persecuciones que les propinaban los grandes pueblos de la época.

LLEGADA DE PEDRO Y JUAN A SAMARIA – EXHORTACIÓN A SIMÓN

"Cuando los Apóstoles que estaban en Jerusalén oyeron que Samaria había recibido la palabra de Dios, enviaron a Pedro y a Juan; quien fue allí y oró por ellos para que recibieran el Espíritu Santo; porque todavía no había descendido sobre ninguno de ellos, sino que solo había sido bautizado en el nombre del Señor Jesús. Luego, cuando les impusieron las manos de Pedro y Juan, recibieron el Espíritu Santo. Cuando Simón vio que por la imposición de las manos de los Apóstoles se daba el espíritu, les ofreció dinero, diciendo: Dadme también a mí este poder, para que a quien yo imponga las manos reciba el Espíritu Santo. Pero Pedro le dijo: Que por tanto, creíais haber adquirido vuestro dinero a través de él como don de Dios. Arrepiéntete, pues, de esta maldad tuya, y ruega al Señor que, si es posible, te sea perdonado este pensamiento que hay en tu corazón; porque veo que estáis en hiel de amargura y en prisiones de iniquidad. Simón dijo: Ruega al Señor por mí, que nada de lo que habéis dicho venga sobre mí.

Entonces ellos, habiendo testificado y hablado la palabra del Señor, regresaron a Jerusalén y evangelizaron muchas aldeas de los samaritanos." – Hechos, 8:14 – 25.

Lo primero que se aprende en este pasaje es que en tiempos apostólicos existía una forma de mediumnidad que consistía en desarrollar en personas capaces de recibir el espíritu, su facultad mediúmnica. Esta mediumnidad era rara. Pedro y Juan tenían esta facultad, así como también la tenía Pablo, como veremos más adelante.

Los Apóstoles adoptaron el sistema de pedir primero al Señor que los creyentes recibieran el espíritu. Era al mismo tiempo una oración a Dios y una invocación a los espíritus. Luego impusieron las manos a los nuevos prosélitos.

Eso es lo que pasó en Samaria. Como ninguno de los convertidos por Felipe había recibido el espíritu, Pedro y Juan les impusieron las manos y les dieron la manifestación de los espíritus que servían de protectores y guías espirituales.

Ahora bien, Simón, el Mago, poseedor, como decíamos, de todas las mediumnidades, y que ya había observado las maravillas realizadas por Felipe, no conocía este nuevo don y por eso quedó asombrado y deseoso de poseerlo. ¿Cómo podría realizar su deseo, su deseo, que es, de hecho, muy natural?

En este mundo, lo mejor, lo más útil, lo más atractivo, lo más bello, lo más poderoso y lo más caro es el dinero. Simón estuvo dispuesto, tal como su inclinación hacia las cosas espirituales, a dar todo su dinero a los Apóstoles a cambio de este don espiritual.

Además, el escritor de estas líneas, si tuviera mucho dinero y estuviera seguro que con dinero se puede conseguir cualquier don espiritual, no dudaría en despojarse de sus bienes, para adquirir un tesoro que los ladrones no pueden alcanzar y las polillas no pueden corromper.

Pedro, que conocía el corazón de Simón, tuvo compasión de él, pero necesitó responder con energía para dejarnos el ejemplo que la Divinidad no se deja sobornar, ni las cosas del cielo deben pagarse con el dinero de la Tierra. Si, le dio la importante lección a Simón: "Que tu dinero perezca contigo, porque por él creías haber adquirido el don de Dios."

Las gracias del cielo son incorruptibles, no se pueden cambiar por lo corruptible.

No hay dinero en todos los mundos que están en equilibrio en el éter, que pueda comprar nada que sea del cielo: ni el bautismo, ni la indulgencia, ni el matrimonio, ni el perdón de los pecados, ni los dones espirituales, ni la fe, ni la esperanza, ni la sabiduría, ni nada más.

Los sacerdotes de hoy no entienden esta doctrina, pero la entenderán más.

Pero Simón, tal vez porque no era sacerdote, comprendió inmediatamente lo que Pedro había dicho, y le rogó, como Juan, para que nada le sucediera a causa de su osadía, y pidió a los Apóstoles que intercediera ante el Señor.

Simón, hombre inteligente, dotado de espíritu, comprendió inmediatamente la nueva fe que traería una revolución religiosa indispensable para el progreso de la Humanidad, pero no siendo consciente de los principios básicos del cristianismo, y como quería armarse de poderes espirituales, aventuró esa propuesta, que inmediatamente retiró ante la categórica respuesta del Apóstol.

Luego los Apóstoles regresaron a Jerusalén, donde fueron a las aldeas samaritanas para proclamar el Evangelio.

Probablemente fue desde Jerusalén donde Pedro dirigió sus epístolas a los extranjeros dispersos. En el 2º, cap. II, 1–22, leemos importantes consideraciones que sirven perfectamente para nuestro tiempo, como una exhortación llena de verdad y de fe a cuantos se esfuerzan por seguir el camino trazado por Jesús. Aquí están:

"Pero hubo también falsos profetas entre el pueblo, como habrá entre vosotros falsos maestros, que introducirán herejías destructivas, negando incluso al Señor que los rescató, atrayendo sobre ellos destrucción repentina: y muchos seguirán sus disoluciones, y a causa de ellas el camino de la verdad será blasfemado; y en avaricia con palabras fingidas, harán negocio contigo; y su condenación no tarda mucho, y su destrucción no se adormece. Porque si Dios no perdonó a los ángeles cuando pecaron, sino que los arrojó al infierno y los entregó a los abismos de las tinieblas, para ser reservados al juicio; si no perdonó al mundo antiguo, sino que preservó a Noé, predicador de justicia, con otros siete, cuando trajo el diluvio sobre el mundo de los impíos; si, al reducir a cenizas la ciudad de Sodoma y Gomorra, las condenó a la ruina total, habiéndolas convertido en ejemplo de quienes vivían impíamente; y libró al justo Lot, atribulado por la vida disoluta de los insubordinados, el Señor sabe librar de la tentación a los piadosos y reservar a los injustos bajo castigo para el día del juicio, pero especialmente a los que, siguiendo la carne, andan en deseos impuros y despreciar la dominación. Audaces, obstinados, no temen difamar la dignidad, mientras que los ángeles, aunque son mayores en fuerza y poder, no traen juicio calumnioso contra ellos ante el Señor. Pero éste, como animales sin razón, nacidos por naturaleza para ser arrestados y asesinados, calumniando cosas que ignoran, en la destrucción que hacen, ciertamente será destruido, recibiendo el pago de su injusticia; estos hombres, que consideran un placer deleitarse en la luz del día, son imperfecciones y defectos, y se deleitan en sus disimulos cuando comen contigo; teniendo los ojos llenos de adulterio y que no cesan de pecar, engañando a las almas inestables, teniendo el corazón entrenado en la codicia, hijos de maldición; Dejando el camino recto, se desviaron, siguiendo el camino de Balaam hijo de Beor, quien amaba la recompensa de la injusticia; pero que fue reprendido por su transgresión; un asno mudo, hablando con voz de hombre, contuvo la locura del profeta. Son fuentes sin agua, brumas impulsadas por tormentas, para las cuales se ha reservado la negrura de las tinieblas. Porque, hablando palabras arrogantes y vanas, en las concupiscencias de la carne, atraen con disolución a los que solo escapan de los que viven en el error, prometiéndoles libertad, cuando ellos mismos son esclavos de la corrupción; porque el hombre se hace esclavo de aquel por quien ha sido vencido. Por tanto, si después han escapado de las corrupciones del mundo mediante el conocimiento del Señor y Salvador Jesucristo. Si se dejan enredar nuevamente en ellos y son derrotados, su último estado será peor que el primero."

El Apóstol concluye sus epístolas con una exhortación muy elocuente que expresa magníficamente el deber de todo cristiano de alcanzar las glorias de su fundada sabiduría y de una religión pura a los ojos de Dios:

"Creced en el conocimiento y la gracia de Nuestro Señor Jesucristo. A Él sea la gloria, ahora y por siempre."

LA ACCIÓN DE JUAN EVANGELISTA

La acción de Juan Evangelista fue una de las más eficaces del Apostolado. Hombre de gran erudición, como se desprende de su Evangelio, que comienza con el énfasis y el entusiasmo que le cautivó el fervor de la fe: "En el principio era el Verbo, y el Verbo estaba con Dios, y el Verbo era Dios", dice. Fue uno de los doce Apóstoles elegidos por Jesús para llevar su palabra al pueblo.

Juan era hermano de Santiago el Mayor, pescador como él, y estaba remendando sus redes cuando el Maestro le dijo que lo siguiera. A partir de entonces lo acompañó siempre y estuvo con el Nazareno hasta su comparecencia ante el Tribunal que dictó su condena, así como hasta la muerte de Jesús. Después de la muerte del Señor, se hizo cargo del cuidado de María, madre de Jesús.

Samaria, Jerusalén y Asia Menor fueron sucesivamente el teatro de su apostolado. Después de ser exiliado a la isla de Patmos, una de las Espóradas, tuvo visiones que mencionó en su Apocalipsis. Su Evangelio, así como sus tres Epístolas, que fueron escritas en griego, son, a nuestro juicio, libros importantísimos, imprescindibles para ser estudiados con el máximo criterio.

Juan falleció siendo muy anciano, y se dice que últimamente ya no predicaba. Cuando asistía a cualquier reunión de discípulos sus palabras se limitaban a "amaos unos a los otros." ¿Qué llevó a sus discípulos a preguntarle, por qué siempre repetía lo mismo? Él respondió: "Porque es precepto del Señor."

De hecho, sus Epístolas se pueden resumir en el precepto: "Amaos los unos a los otros." Desde el principio, cap. II, 7–11, dice: "No os escribo un mandamiento nuevo, sino el mandamiento antiguo que habéis tenido desde el principio; este antiguo mandamiento es la palabra que habéis oído. Sin embargo, es un mandamiento nuevo que os escribo, que es verdadero en él y en vosotros, porque las tinieblas se van disipando y ya brilla la luz verdadera. El que dice estar en la luz y aborrece a su hermano, hasta ahora está en tinieblas. El que ama a su hermano permanece en la luz, no hay motivo para que tropiece; pero el que aborrece a su hermano camina en tinieblas y no sabe a dónde va, porque las tinieblas han cegado sus ojos."

En los vv. 18–29, el Evangelio trata de las revelaciones, pero las divide en Revelación de la Verdad y "revelación de mentiras."

De hecho, hay revelación de la Verdad y revelación de la mentira, porque hay profetas y hay falsos profetas; así como hay espíritus que hablan la verdad y espíritus que dicen mentiras.

Este capítulo es muy interesante, no podemos dejar de transcribirlo.

"Hijitos, esta es la última hora; y como habéis oído que el anticristo viene, ya han resucitado muchos anticristos; por lo que sabemos, es el último minuto. Vinieron de nosotros, pero no eran de nosotros; porque si fueran de nosotros, se habrían quedado con nosotros; pero ellos salieron para que se supiera que no todos estos son de nosotros. Y tenéis una unción del Santo y todos tenéis conocimiento. No os escribí porque ignoráis la verdad, sino porque la conocéis y porque de la verdad no sale mentira alguna. ¿Quién es el mentiroso sino el que niega que Jesús es el Cristo? El anticristo es el que niega al Padre y al Hijo. El que niega al Hijo no tiene al Padre; el que confiesa al Hijo también tiene al Padre; pero lo que habéis oído desde el principio debe permanecer en vosotros. Si permanece en vosotros lo que oísteis desde el principio, también vosotros permaneceréis en el Padre y en el Hijo."

Estas recomendaciones fueron advertencias preventivas contra la llamada "trinidad" establecida por las iglesias romana y protestante, estos doctores de la ley no se quedan en lo que escucharon desde el principio. Eligieron y decretaron la existencia de tres dioses (trinidad) concretados en uno, a pesar de todo, siendo cada uno un dios. El padre ya no existe porque el Hijo, siendo de toda la eternidad, no pudo ser generado; y el Hijo no es hijo, por la misma razón, ya que nadie puede ser padre ni hijo de sí mismo. La señal del anticristo está bien caracterizada en los creyentes de la Trinidad.

La religión para Juan era realmente amor y no esto o aquello. En el cap. IV, define claramente (7–21):

"Amados, amémonos unos a otros, porque el amor es de Dios; y todo el que ama es de Dios, y conoce a Dios. Quien no ama no conoce a Dios, porque Dios es amor. En esto se manifestó el amor de Dios para con nosotros, en que Dios envió a su Hijo unigénito al mundo, para que vivamos por él. El amor consiste, no en haber amado a Dios, sino en que Él nos ame y envíe a Su Hijo como propiciación por nuestros pecados. Amados, si Dios así nos amó, también nosotros debemos amarnos unos a otros. Nadie ha visto jamás a Dios; Si nos amamos unos a otros, Dios permanece en nosotros y su amor es perfecto en nosotros. Sabemos que permanecemos en Él y Él en nosotros, porque nos ha dado Su espíritu. Y hemos visto y testificamos que el Padre envió a su Hijo para ser el salvador del mundo. Quien confiesa que Jesús es hijo de Dios, Dios permanece en él y él en Dios. Y hemos conocido y creído el amor que Dios tiene en nosotros. Dios es Amor; y el que permanece en el amor, permanece en Dios, y Dios permanece en él. Perfecto es el amor en nosotros, para que tengamos valor en el día del juicio; porque como Él es, también nosotros estamos en este mundo. En el amor no hay temor, pero el amor perfecto echa fuera el temor porque el temor implica castigo; y el que teme no es perfecto en el amor. Amamos porque él nos amó primero. Si alguno dice: Amo a Dios, y aborrece a su hermano, es mentiroso; porque el que no ama a su hermano a quien ve, no puede amar a Dios a quien no ve. Y tenemos este mandamiento de él: el que ama a Dios, ame también a su hermano."

Finalmente, Juan Evangelista[2] fue un gran Apóstol que supo definir verdaderamente el cristianismo. El gran Evangelista fue para el Espiritismo, lo que Joel y otros profetas fueron para el cristianismo. En su Evangelio, cap. XIV, XV y XVI transcribió textualmente la promesa de Jesús sobre la manifestación de los espíritus, quienes constituyen la poderosa falange de la verdad y la Consolación que vienen a transformar el mundo, y realmente ya han iniciado esta ascensión espiritual de los hombres.

Bendito sea Juan, el amado Apóstol de Jesús, y que nos ayude a cumplir la voluntad del gran Maestro.

FELIPE Y EL EUNUCO DE CANDACE

Un ángel del Señor habló a Felipe, diciendo: Levántate y ve hacia el sur, por el camino que desciende de Jerusalén a Gaza: está desierto. Él, levantándose, se fue. Y he aquí, un hombre etíope, eunuco, alto funcionario de Candace, reina de los etíopes, que era mayordomo de todos los tesoros, había venido a Jerusalén para adorar; y regresó y, sentado en su carro, leyó al profeta Isaías. El espíritu dijo a Felipe: acércate y únete a ese carro. Felipe corrió y lo oyó leer al profeta Isaías, y le preguntó: ¿Entiendes lo que estás leyendo? Él respondió: Bueno, ¿cómo puedo entenderlo a menos que alguien me lo explique? Y pidió a Felipe que subiera y se sentara con él. Ahora, el pasaje de las Escrituras que estaba leyendo era este:

---

[2] Leer *"Interpretación sintética del Apocalipsis"*, del mismo autor.

"Como oveja fue conducido al matadero; y como el cordero calla delante del que lo trasquila, así Él no abre la boca. En su humillación le fue quitado el juicio; ¿quién se lo dirá a tu generación? Por qué tu vida es quitada de la Tierra."

El eunuco preguntó a Felipe: ¿Te pido que me digas de quién dijo esto el profeta? ¿Tú mismo o alguien más? Felipe abrió la boca y, comenzando por esta Escritura, le anunció a Jesús. Mientras iban por el camino, llegaron a un lugar donde había agua, y el eunuco dijo: Aquí hay agua, ¿qué me impide ser bautizado? Y ordenó que se detuviera el carro, y descendieron ambos al agua, Felipe y el eunuco, y Felipe lo bautizó. Cuando subieron del agua, el espíritu del Señor se llevó a Felipe; El eunuco no lo vio más, porque siguió su camino gozoso. Pero Felipe se encontró en Azot y, pasando más allá, evangelizó todas las ciudades, hasta llegar a Cesárea." – Capítulo 8: 26 – 40.

De esta narración se destacan tres hechos muy significativos:

1º – la acción de los espíritus, ya sea actuando sobre Felipe para convertir al emisario de Candace, o para preparar su corazón para recibir la Buena Nueva;

2º – La creencia general sobre la interpretación de las Escrituras;

3º – El transporte de Felipe operado por el espíritu, desde el camino de Jerusalén a Azot.

Examinemos, aunque sea brevemente, cada uno de estos hechos.

LA ACCIÓN DE LOS ESPÍRITUS

La acción de los espíritus sobre los hombres es un hecho más que comprobado. Ya sea en su influencia benévola o malévola, los espíritus de diferentes categorías y órdenes jerárquicos actúan decisivamente sobre los destinos humanos y sobre la vida privada de los individuos.

Se puede decir que todos los actos que van más allá de nuestro ámbito de acción tienen un factor oculto que nos anima a practicarlos.

En este caso al que se refieren los Hechos, vemos claramente la comunicación del espíritu protector de Felipe con su protegido. Por lo que podemos ver, Felipe, entre otras dotes que tenía, también era médium de escucha, pues escuchaba la voz del "Ángel del Señor", de quien recibió órdenes de ir al encuentro del eunuco.

También es interesante que el mencionado espíritu hubiera estado con el empleado de Candace, pues sabía que se dirigía a Jerusalén y que en ese momento, no había ningún transeúnte en el camino que pudiera perturbar la reunión que iba a tener su protegido. con el eunuco (esta sección está desierta).

Probablemente el espíritu actuante debió ser, no solo un gran amigo de Felipe, sino también amigo del empleado de Candace, debido al interés que mostró en su conversión.

La facilidad con la que Felipe y el eunuco se acercaron, su humildad y sumisión, las relaciones amistosas que surgieron de repente entre los dos "extraños", muestran claramente la existencia de un vínculo oculto entre ellos, por un tiempo altamente providencial. Esta unión, esta fraternidad nacida repentinamente entre un cristiano y un prosélito del judaísmo, revela claramente la acción del espíritu, dividiendo la barrera que separaba a esos dos hombres, para la conversión definitiva del judío.

En los anales del Espiritismo existen innumerables casos de esta naturaleza. Pasemos ahora a la segunda pregunta.

LA ESCRITURA NO ES PARA INTERPRETACIÓN HUMANA

Pablo, el doctor de los gentiles, dijo con razón que la Escritura no es para interpretación humana.

Esta afirmación ya había sido pronunciada por Jesucristo, en su promesa de enviar al Consolador, para enseñarnos todas las cosas y guiarnos a toda verdad. (Juan, XIV, XV, XVI.)

Además, observamos en el Nuevo Testamento que ni siquiera los Apóstoles conocían el significado espiritual de las Escrituras: "Eran tardos de oído e incircuncisos de entendimiento." Fue solo después que Jesús "sopló" sobre ellos y les abrió la comunicación con el espíritu, que despertaron a las cosas espirituales, como de un largo sueño.

Incluso era común en la antigüedad que las Escrituras no fueran fáciles de interpretar, que la mente humana pudiera llegar a ellas. En palabras del eunuco a la pregunta de Felipe: "¿Tal vez entiendes lo que estás leyendo?"

Nos vemos que, aunque el empleado de Candace era un hombre de letras, por ser representante de un reino, no podía entender aquel pasaje de Isaías que estaba leyendo. Fue necesario que Felipe se lo explicara y Felipe, a su vez, no le dio una explicación personal, sino que le transmitió, como médium que era, el mensaje explicativo del espíritu, que estaba relacionado con la conversión del empleado de Candace.

La conversión fue rápida, no hubo disputas ni objeciones. Cuando el espíritu toca el corazón de un hombre e ilumina su inteligencia, todo es fácil. Pero para que esto suceda es necesaria buena voluntad y humildad por parte de quienes desean las gracias divinas.

RAPTO DE FELIPE

Uno de los fenómenos interesantes del Espiritismo es el "arrebatamiento." Las Escrituras narran varios hechos acerca de personas que fueron arrebatadas.

En la vida de los Apóstoles vemos, por ejemplo, el arrebatamiento de Felipe. Desde el camino que une Gaza con

Jerusalén, Felipe fue transportado a Azot, un lugar muy alejado de ese camino.

Estos fenómenos son, sin duda, muy interesantes. Aunque raros, en la Historia del Espiritismo podemos encontrar algunos de estos hechos extraordinarios. Por ejemplo, los hermanos Pansini, dos niños que fueron transportados más de una vez, desde Bari, Italia, una distancia de cuarenta y cinco kilómetros, en quince minutos.

Esta naturaleza del fenómeno se puede catalogar en el número de levitaciones y transportes.

En el Antiguo Testamento, leemos en Daniel 14:35, que Habacuc fue transportado por el aire, desde el país de Judea hasta la tierra de Caldea. Elías también fue elevado en el aire.

La historia de los santos está llena de estos casos, antiguamente considerados milagrosos.

Finalmente, Lucas nos cuenta que Felipe, transportado por el espíritu a Azot, continuó su recorrido apostólico por las ciudades, evangelizando hasta llegar a Cesárea, su patria.

LA CONVERSIÓN DE SAULO

Saulo, respirando aun amenazas y muerte contra los discípulos del Señor, fue al sumo sacerdote, y le pidió cartas para las sinagogas de Damasco, para que, si encontraba alguno que fuera del Camino, tanto hombres como mujeres, se lo llevara prisioneros a Jerusalén. Mientras caminaba, mientras se acercaba a Damasco, de repente una luz del cielo brilló a su alrededor; y cayendo al suelo, oyó una voz que le decía: Saulo, Saulo, ¿por qué me persigues? Él preguntó: ¿Quién eres, Señor? Él respondió: Yo soy Jesús a quien vosotros perseguís; pero levántate y entra en la ciudad, y te dirán lo que debes hacer.

Los hombres que viajaban con él, se detuvieron, mudos, escuchando la voz pero sin ver a nadie. Saulo se levantó del suelo, abrió los ojos y no vio nada; y tomándolo de la mano, lo llevaron a Damasco. Y estuvo tres días sin ver nada, y no comió ni bebió." – Capítulo 9: 1–9.

Saulo nació en Tarso, Cilicia y pertenecía a una familia de judíos de la secta farisaica. Se educó en Jerusalén, siendo discípulo de Gamaliel, habiendo aprendido también el oficio de tejedor, según el precepto de la ley judía, que imponía a todo doctor de la ley la obligación de saber un oficio.

Saulo era un joven vigoroso y de espíritu fuerte. Durante la lucha entre los judíos que permanecían fieles a los preceptos del sacerdocio y los cristianos primitivos, Saulo actuó con fuerza contra ellos, distinguiéndose por su valentía y el papel destacado que desempeñó en la ofensiva contra los discípulos de Jesús.

Un día fue al Sumo Sacerdote y le pidió cartas para los sacerdotes de Damasco que dirigían las Sinagogas (Iglesias).

El pontífice accedió inmediatamente a la petición, y al instante partió hacia Damasco, junto con algunos compañeros, el joven doctor que, como dice el capítulo de los Hechos, soplaba amenazas y muerte contra los discípulos del Señor.

Fue precisamente al acercarse a Damasco que el Espíritu Sublime que fundó el cristianismo, en cumplimiento de su excelsa misión, considerando aquella gran personalidad apta para colaborar en la gran causa de la redención humana, hace vibrar sobre ella su brillante luz y grita en tono severo: pero verdaderamente paternal: "Saulo, Saulo, ¿por qué me persigues?"

¡Este llamamiento penetró de repente en el corazón del enemigo gratuito de quien en pocos días sería su mayor amigo, su mayor protector e incluso su propia vida!

Pero el joven Saulo no se dejó llevar únicamente por los deseos regeneradores que transformaron su corazón. Se levantó en su lucidez racionalista y replicó: "¿Quién eres, Señor?" Se volvió a oír la voz: "Yo soy Jesús a quien vosotros perseguís; pero levántate y entra en la ciudad, y ellos te dirán lo que hay que hacer."

La obra del espíritu estaba hecha; quedó demostrada la inmortalidad del alma; la comunicación de Jesús se estableció con quien pronto se convertiría en su gran intermediario, para conducir a gentiles y judíos a la Nueva Fe, que los liberaría del cautiverio sacerdotal.

Ya no era Saulo quien vivía; no fue el terrible perseguidor de los cristianos que seguían a los que evangelizaban. Saulo había desaparecido para dar paso a un hombre nuevo vestido de fe, con la armadura de la caridad y del amor.

Una nueva conciencia se estaba desarrollando en aquel hombre que recientemente había participado en la muerte de Esteban. Ciego, sin luz en sus ojos que lo guiara hasta Damasco donde pretendía acumular hazañas y dominar mediante el terror, acogido por los sacerdotes de aquella famosa ciudad, tuvo que extender, en súplica, sus manos para que lo guiaran hasta la ciudad, donde estuvo tres días sin ver, y sin comer ni beber.

La conversión de Pablo es uno de los hechos más importantes de la historia.

El grito de Damasco todavía resuena en nuestros oídos y resuena en todo el mundo. Ni siquiera las voces de los disidentes han podido acallarlo hasta ahora. Es el grito de la inmortalidad, es el grito del amor que levanta el edificio de la fe sobre la roca de revelación, es la esperanza en el Más Allá que resurge, es, finalmente, la luz que surge de las tinieblas y nos ilumina a todos con los esplendores de la Eternidad.

LA VISIÓN DE ANANÍAS – LA VISIÓN DE SAULO – EL ESPÍRITU DE INSTRUCCIONES

Había en Damasco un discípulo llamado Ananías, y el Señor le dijo en visión: Ananías. Él respondió: Aquí estoy, Señor. Y el Señor le mandó: Levántate, y ve a la calle que se llama Derecha, y busca en casa de Judas a un hombre de Tarso, llamado Saulo; porque estaba orando, y ha visto a un hombre llamado Ananías, que entraba y le imponía las manos para que le devolviera la vista. Pero Ananías respondió: Señor, he oído de muchos acerca de este hombre cuánto mal ha hecho a tus santos en Jerusalén; y aquí tiene autoridad de los principales sacerdotes para arrestar a todos los que invoquen tu nombre. Pero el Señor le dijo: Ve, porque este es un vaso escogido para mí, para llevar mi nombre delante de los gentiles, y delante de los reyes, y delante de los hijos de Israel; porque le mostraré cuánto tendrá que sufrir por mi nombre. Ananías salió y entró en casa y, imponiéndole las manos, dijo: Saulo, hermano, el Señor Jesús, que se te apareció en el camino por donde venías, me envió para que recobres la vista y seas lleno del Espíritu Santo. Pronto, las escamas cayeron de sus ojos y recuperó la vista; y levantándose, fue bautizado; y después de comer, se hizo más fuerte." Versículos 10–19.

En este apartado de los Hechos se destacan dos nuevas manifestaciones. La comunicación de Jesús a Ananías, un poderoso médium psíquico y auditivo, vio a Jesús y escuchó sus palabras; y la aparición del propio Ananías, naturalmente mientras el cuerpo dormía, a Saulo. Estas dos manifestaciones, destacadas en los *"Hechos de los Apóstoles"*, corroboran nuestra tesis sobre "Animismo y Espiritismo"; es decir, comunicaciones entre vivos y comunicaciones entre vivos y muertos.

Jesús, después de haber muerto, se apareció a Ananías y le habló; Ananías a su vez, según lo declarado por Jesús, como era, tal vez, un médium de bilocación, se apareció a Saulo, en el momento en que oraba, y le impuso las manos para que recuperara la vista.

Además, esta manifestación es perfectamente admitida por el Espiritismo, como un fenómeno premonitorio, fenómeno que tuvo su realización, como se ve en el mismo pasaje, con la ida de Ananías a la casa de Judas, donde Saulo, de hecho imponente, puso su manos sobre ellos y lo curó de la ceguera.

Ananías fue un médium valioso: auditivo, clarividente, desdoblador, sanador, intuitivo, inspirado y, ciertamente, políglota, la mediumnidad era muy común en aquella época.

Sin embargo, una cosa que notamos es que, con la imposición de las manos de Ananías, Saulo no recibió el Espíritu Santo.

Como vimos en los extractos o capítulos anteriores, todos los convertidos por Pedro y Juan, sobre quienes se impusieron las manos, recibieron el Espíritu Santo, pero esto no sucedió con Saulo. ¿La obra de Ananías se limitaría a devolver la vista al nuevo discípulo? Ciertamente no. La misión de Ananías era muy superior a ésta. El objetivo principal de Jesús, al enviar a Ananías a Saulo, era hacerle confirmar la manifestación de Damasco, era sancionar la conversión iniciada en el camino, manifestación presenciada por otras personas que, aunque no habían visto a Jesús, oyeron su voz.

Saulo era un hombre de gran educación, un racionalista, no se convertiría sin un conjunto de pruebas que pudieran convencerlo de la verdad cristiana.

Aprendemos aun más que, como concluye la narración, Saulo no recibió el Espíritu Santo, porque había recibido directamente el Espíritu de Jesucristo mismo, quien es la Cabeza de la Falange llamada Espíritu Santo.

De hecho, el nuevo Apóstol estaba muy convencido que su acción en el ministerio, como se desprende de sus Epístolas, no era personal, sino que era Cristo quien actuaba en él para hacerlo todo.

Es característico este pasaje de Jesús, dicho a Ananías: "Ve, que esto es para mí un vaso escogido para llevar mi nombre delante de los gentiles y de los reyes, así como delante de los hijos de Israel."

La narración finaliza con el clásico "bautismo" que no se transmitió entre los discípulos, una formalidad, para recordar la abolición de la circuncisión y su sustitución por la inmersión del catecúmeno en agua, realizada por Juan Bautista, una práctica sustitutiva y provisional. que, como decía el propio Bautista, daría paso al "bautismo del Espíritu."

ESTRENO DEL NUEVO APÓSTOL – PABLO EN DAMASCO Y JERUSALÉN

Pablo se quedó algunos días con los discípulos que estaban en Damasco, y pronto en las sinagogas proclamó que Jesús era el hijo de Dios. Todos los que lo oían estaban asombrados y decían: "¿No es éste el que perseguía a los que invocaban ese Nombre en Jerusalén, y que habían venido aquí para llevarlos cautivos ante los principales sacerdotes? Sin embargo, Saulo se fortaleció mucho más y confundió a los judíos que vivían en Damasco, demostrando que Jesús era el Cristo.

Después de muchos días, los judíos deliberaron entre ellos para quitarle la vida; sin embargo, esta trampa llamó la atención de Saulo. También vigilaron las puertas, día y noche, para matarlo. Pero los discípulos lo tomaron de noche y lo bajaron por la pared, bajándolo en un canasto de mimbre. Llegado a Jerusalén, intentó unirse a los discípulos, pero todos le tenían miedo, no creyendo que fuera discípulo. Pero Bernabé, llevándolo consigo, lo llevó ante los Apóstoles y les contó cómo había visto al Señor en el camino, y cómo le había hablado, y cómo en Damasco había predicado con valentía en el nombre de Jesús. Y estaba con ellos en Jerusalén, entrando y saliendo, predicando con valentía en el nombre del Señor; y habló y discutió con los helenistas; pero intentaron quitarle la vida. Cuando los hermanos se enteraron, lo llevaron a Cesárea y lo enviaron a Tarso.

Así la iglesia tuvo paz en toda Judea, Galilea y Samaria, siendo edificada en el temor del Señor y creciendo en el consuelo del Espíritu Santo." – Capítulo 9:20 – 31.

La misión de Pablo comenzó en Damasco, precisamente en la ciudad donde pretendía llevar a cabo importantes persecuciones contra los cristianos.

El joven Saulo había cumplido su tarea reaccionaria en esta ciudad para comenzar la gran misión a la que fue llamado por Jesucristo.

El viejo del odio, del mal, de la venganza; el esclavo del fariseísmo, del sacerdocio, había desaparecido, para dar paso a la entrada del hombre nuevo en el ministerio cristiano, en el Apostolado, y por tanto, el iluminado de damasco ya no quiso usar su antiguo nombre, que representaba un el ateísmo degradante, la desobediencia a todos los Preceptos Divinos.

Ya no era Saulo quien vivía, sino Pablo, el intrépido converso, vaso ilustre elegido por Jesucristo para llevar a gentiles y judíos el nombre, la Doctrina de su gran Salvador.

Pablo, como dijimos, era un gran espíritu; un hombre severo pero justo, intrépido, sabio, políglota, orador y que, finalmente, reunió todos los dones que caracterizan al verdadero Apóstol. Ni siquiera faltó la imposición de manos para recibir el espíritu.

Absolutamente independiente, nunca aprovechó su autoridad para recibir nada para su uso privado. Dijo: "Para mi subsistencia y la de los que conmigo están, estas armas me sirvieron." Era fabricante de tiendas de campaña, tejedor y su industria le proporcionaba una vida perfecta, dejándole mucho tiempo para llevar a cabo su misión apostólica.

La vida de Pablo es una imitación de la vida de Jesucristo, con la diferencia que Jesús no escribió nada y Pablo dirigió varias Epístolas a diferentes Iglesias o asociaciones.

La segunda mitad de la vida de Pablo estuvo absorbida por su ardor por el proselitismo, las misiones en las que sirvió y los viajes que emprendió con el objetivo de ganar almas para la nueva creencia. Vivió en Damasco, en Jerusalén, en Tarso.

Luego, acompañado de Bernabé, se dirigió a Antioquía, uno de los grandes centros literarios y religiosos de Oriente. Allí estos dos Apóstoles fundaron una gran asociación religiosa, en la que no solo se admitían gentiles sino también judíos. De allí se embarcaron hacia Chipre, y se dice que en Neopaphos Paulo convirtió al procónsul Sergio Paulo. Desde Antioquía los acompañó Juan Marcos.

De Chipre, Pablo y Bernabé regresaron a la región de Galacia, que comprendía Pamfilia, Sisidia, Liaconia y parte de Frigia. Los dos misioneros permanecieron algún tiempo en Perge, Antioquía, Cesárea, Listres y Teonio, y finalmente regresaron a Antioquía, donde escribió varias epístolas.

Sin embargo, sabiendo que había desacuerdos en Jerusalén, ya que varios Apóstoles mantenían las prácticas de la Ley de Moisés, Pablo fue a Jerusalén donde habló en una asamblea sobre la necesidad de propagar y difundir la Doctrina de Cristo con exclusión de las extrañas prácticas de la Ley Antigua.

Entonces Pablo se unió a Timoteo y a Silas, salieron de Asia Menor, cruzaron el Elasponto y llegaron a Macedonia; visitaron Filipo, Anfípolis, Tesalónica, Berea, Atenas y Corinto, donde el Apóstol escribió las primeras Epístolas. De Corinto pasó a Éfeso, regresó a Jerusalén y luego a Antioquía, donde escribió su Epístola a los Gálatas. Luego regresó a Éfeso y desde allí escribió la primera y luego la segunda Epístola a los Corintios. Fue a Macedonia, regresó a Corinto donde escribió la Epístola a los Romanos, que es una de sus obras capitales. Pasando de nuevo por Macedonia, se embarcó en Nápoles, tocó Mitilene, Quío, Mileto, Cos, Tiro, Ptolemaida; y volviendo a Jerusalén fue arrestado, de donde fue trasladado a Roma y donde hizo muchos prosélitos.[3]

De perseguidor pasó a ser perseguido, desde el comienzo de su tarea en Damasco, con los discípulos, para salvarlo de la muerte, preparando una gran cesta provista de cuerdas, en la que lo bajaron por encima del muro, como allí a las puertas de la ciudad. Hubo emboscadas para asesinarlo.

En Jerusalén, la ciudad central, el Apóstol también enfrentó el odio de sus adversarios, y predicó con audacia la Doctrina de Jesús y la aparición de los muertos, así como la esperanza en el Más Allá, que fueron motivo de escándalo para judíos y griegos.

Finalmente, a petición de sus discípulos, fue a Cesárea y luego a Tarso, su tierra natal.

Dice el evangelista que en toda Judea, Galilea y Samaria, las manifestaciones de los espíritus fueron tan positivas y sustanciales que todos los creyentes quedaron edificados y llenos de consuelo y temor del Señor.

PEDRO CURA A ANEÍAS

"Mientras Pedro pasaba por todas partes, también descendió a los santos que habitaban en Lida. Allí encontró a un hombre llamado Eneías, que llevaba ocho años acostado en una cama porque estaba paralítico. Pedro le dijo: Eneías, Jesucristo te sana; levántate y haz tu cama. Pronto se levantó. Todos los habitantes de Lida y Sarona lo vieron y se convirtieron al Señor." – Capítulo 9: 32 – 35.

Una de las principales características de los Apóstoles era la curación de los enfermos. Pedro poseía este don a gran escala.

---

[3] Véase Larousse.

Las curas espirituales produjeron una gran contribución a la conversión de los incrédulos. No solo se convertía el paciente curado, sino también todos los que tenían cierto conocimiento del caso.

Dotado de facultades magnéticas y asistido también por los espíritus, que constituyen la Falange del Consolador, que actuaba en el nombre de Jesús, Pedro realizó innumerables conversiones, más mediante curaciones que incluso mediante palabras.

La cura es un hecho que toca inmediatamente el corazón, el sentimiento, más fácil de percibir que la palabra que necesita pasar por el cerebro y pasar por el tamiz de la comprensión.

El amor hace milagros, mientras que la sabiduría tarda en actuar.

Eneías, que tenía los nervios debilitados, habiendo recibido los fluidos vitalizantes que necesitaba para ponerlos en acción, al oír la voz de Pedro, se levantó y recuperó la salud.

Las curas espíritas aparecen, como se ve, en los anales del cristianismo, y añadiendo estas palabras a la narración de Lucas, no hacemos más que confirmar lo que ya hemos dicho en otras obras anteriores, principalmente en la titulada *"Histeria y fenómenos psíquicos. Curas Espíritas"*, que recomendamos a los lectores.

PEDRO RESUCITA A DORCAS

"Había en Jope una discípula llamada Tabita, que significa Dorcas; esta estuvo lleno de buenas obras y limosnas que hizo. En aquellos días, cuando enfermó, murió; y después de tomarla, la colocaron en el aposento alto. Como Lida estaba cerca de Jope, los discípulos, cuando oyeron que Pedro estaba allí, le enviaron dos hombres y le rogaron: No tardes en venir a nosotros. Pedro se levantó y fue con ellos; y cuando llegaron, lo llevaron al aposento alto; y todas las viudas lo rodearon llorando y mostrándole las túnicas y mantos que Dorcas hacía mientras él estaba con ellas. Pero

Pedro, cuando los hubo sacado a todos, se arrodilló y oró; y volviéndose hacia el cuerpo, dijo: Tabita, levántate. Y ella abrió los ojos y, al ver a Pedro, se incorporó. Él, dándole la mano, la levantó; y llamando a los santos y a las viudas, la presentó viva. Esto se supo en toda Jope, y muchos creyeron en el Señor. Pedro permaneció muchos días en Jope, en casa de un curtidor llamado Simón." – v. v. 36 – 43.

Las buenas obras son el gran atractivo de los espíritus del Señor. La caridad que obra con humildad no puede dejar de atraer las potencias celestiales.

Si Dorcas no hubiera tenido buenas obras, ciertamente no habría merecido la protección de los discípulos, los testimonios de las viudas, la presencia de Pedro y la asistencia del espíritu mensajero de Jesús, quien trabajó, con la ayuda de Pedro, por su "resurrección."

Estos casos de "resurrección" no se produjeron, como se ve, solo en la época en que Jesús predicaba, sino también en la época de los discípulos. En Dorcas, como en los demás, no hubo, como puede verse, ninguna desconexión completa del espíritu del cuerpo. Había algún vínculo fluídico que aun no se había roto, y la acción espiritual, a través de Pedro, logró traer de vuelta a la mujer, casi exanimada. Ya hemos tratado este tema en la 3ª edición de *"Parábolas y Enseñanzas de Jesús"*, cap. "Resurrección de Lázaro."

No pretendemos volver a abordar el asunto.

El fenómeno repercutió en toda la zona circundante y nuevos creyentes fueron admitidos entre los discípulos.

LAS VISIONES DE CORNELIO Y PEDRO – RECOMENDACIONES DEL ESPÍRITU MENSAJERO

"Un hombre que estaba en Cesárea, llamado Cornelio, centurión de una corte llamada Italiana, piadoso y temeroso de

Dios con toda su casa, y que hacía muchas limosnas al pueblo y oraba continuamente a Dios, vio claramente en visión, como a la hora novena del día, a un ángel que venía y decía: Cornelio. Lo miró a los ojos y lleno de miedo preguntó: ¿Qué pasa, Señor? El ángel añadió: Vuestras oraciones y vuestras limosnas han venido a la memoria delante de Dios. Ahora envía hombres a Jope y envía por un tal Simón, cuyo apellido es Pedro; Se aloja en la casa de un curtidor llamado Simón, que está junto al mar. Tan pronto como se fue el ángel que le hablaba, llamó a dos de sus siervos y a un soldado piadoso de entre los que estaban a su servicio, y habiéndolos contado todo, los envió a Jope.

Al día siguiente, mientras ellos continuaban su camino y ya estaban cerca de la ciudad, Pedro subió a la azotea a orar, como a la hora sexta. Tenía hambre y quería comer; pero mientras le preparaban la comida, le sobrevino un éxtasis; y vio abrirse el cielo, y descender un objeto, como si fuera una gran toalla, que bajaba a la tierra por sus cuatro puntas; y en él estaban todos los cuadrúpedos, y los reptiles de la tierra, y las aves del cielo. Y una voz le dijo: Levántate, Pedro, mata y come. Pero Pedro respondió; En absoluto, Señor; porque nunca he comido nada inmundo o impuro. La segunda vez la voz le habló: No contamines lo que Dios ha purificado. Esto sucedió tres veces y pronto el objeto fue llevado de regreso al Cielo." – Capítulo 10:1 – 16.

Dos casos interesantes, dignos de meditación y estudio.

Vimos en el capítulo anterior la gran influencia de las buenas obras en la obtención de cosas espirituales.

La caridad y la oración son las dos palancas que eliminan las barreras más pesadas y nos conducen a Dios.

En la "Parábola del Rico", Jesús dijo que era más fácil que un camello pasara por el ojo de una aguja, que un rico salvarse. Cuando sus discípulos le preguntaron quién podría entonces salvarse, respondió que "lo que era imposible para los hombres, era posible para Dios."

Cornelio, un hombre rico de la corte italiana, naturalmente encontró difícil su salvación, y por eso luchó con la ayuda de la oración y las buenas obras, para alcanzar la vida eterna. Y como estos son los mismos medios que Dios nos ha dado para obtener tan alto *desideratum,* el espíritu le fue dado, sin medida, por lo tanto, "al que mucho tiene, más le será dado", y Cornelio tuvo una visión: apareció un mensajero de Jesús (ángel; es decir, mensajero), quien le aconsejó que llamara a Pedro, el Profeta y al mismo tiempo Apóstol, para que le dijera lo que tenía que hacer para tomar posesión de tal vida, que nunca termina.

Lleno de miedo, pues la aparición de los espíritus, cuando el paciente lo ve y lo oye, casi siempre produce miedo, pero consciente que era manifestación de un ser bueno, Cornelio obedece órdenes, mueve a su pueblo en busca de Pedro.

Mientras se dirigen hacia Jope, el mismo espíritu o algún otro compañero suyo, lleva a Pedro en éxtasis y le da la visión significativa, simbolizada en la presentación de un lienzo descendido del cielo, que contiene todo lo que Dios creó. Este cuadro alegórico sin duda quiso insinuar al Apóstol que no debía negarse el llamado de Cornelio, quien, aunque grande y rico, había merecido las gracias del cielo, no por el dinero y la posición que poseía, sino por su buena aplicación de este dinero y por la humildad con la que se comportó en sus funciones como miembro de la corte italiana.

Desde el versículo 17 al versículo 34 de Hechos, cap. 10, el lector tendrá la descripción de Lucas, evitando así pasarla a estas páginas, pero que se refiere a la llegada de Pedro a casa de Cornelio y la conversación que ambos tuvieron sobre la visión.

Pedro anunció a Cornelio la Doctrina de Jesús y le narró la vida del Nazareno, que había sido nombrado Juez de vivos y muertos, extendiendo su palabra a los gentiles que se encontraban cerca.

El resultado fueron innumerables conversiones, realizadas por el "Espíritu Santo", cuyos mensajeros desarrollaron sus dones, muchos hablaban varios idiomas, como los discípulos en el Cenáculo, el día de Pentecostés. La visión de Pedro fue categórica en su interpretación. Los gentiles también debían recibir el espíritu. El don no era solo de los judíos, sino de todos, porque el profeta Joel había dicho: "Derramaré mi espíritu sobre toda carne."

Concluimos reafirmando que "la caridad es el ancla de la salvación."

Quien quiera dones, quien quiera heredar la vida eterna, debe ser caritativo y humilde, porque será, de hecho, discípulo de Cristo, conocerá la verdad, y la verdad lo liberará del yugo sacerdotal que pesa sobre todos.

DISENCIONES PARTIDARIAS – LA PALABRA DE PEDRO

"Los Apóstoles y los hermanos que estaban en Judea sabían que también los gentiles habían recibido la palabra de Dios. Y cuando Pedro subió a Jerusalén, los que eran de la circuncisión discutían con él, diciendo: Entraste en casas de incircuncisos y comiste con ellos. Pero Pedro, comenzando a hablarles, les hizo una exposición por orden, diciendo: Yo estaba en la ciudad de Jope, orando y en éxtasis tuve una visión en la que vi descender un objeto como si fuera una gran toalla que bajaba desde el cielo por las cuatro puntas, y se acercó a mí; y mirándolo atentamente, noté, y vi cuadrúpedos de la tierra, fieras, reptiles y aves del cielo. Oí también una voz que me decía: Levántate, Pedro; caza y come. Pero yo respondí: De ninguna manera, Señor, porque jamás ha entrado en mi boca nada inmundo o impuro. La voz del cielo habló por segunda vez: Lo que Dios ha purificado, no lo contundáis. Esto sucedió tres veces. Y todo volvió al Cielo. Pronto tres hombres enviados a mí desde Cesárea se detuvieron frente a la casa donde estábamos. Y el espíritu me dijo que fuera inescrupuloso con ellos. Estos seis hermanos también fueron conmigo, entramos a la casa de aquel hombre. Y nos contó cómo había visto al ángel que estaba en su casa y le dijo: Envía a Jope y llama a Simón, cuyo apellido es Pedro, el cual te dirá las cosas en las que serás salvo tú y toda tu casa. Cuando comencé a hablar, el Espíritu Santo descendió sobre ellos, tal como había venido sobre nosotros al principio. Y me acordé de la palabra del Señor, que dijo: Juan a la verdad bautizó en agua, pero vosotros seréis bautizados en el Espíritu Santo. Porque si Dios les dio el mismo don que también nos dio a nosotros cuando creímos en el Señor Jesucristo, ¿quién era yo para resistir a Dios? Ellos, después de escuchar estas palabras, se apaciguaron y glorificaron a Dios, diciendo: Así también Dios dio a los gentiles arrepentimiento para vida." – Capítulo 9: 1–18.

Este capítulo es una reproducción del anterior con su explicación, ya dada por nosotros en páginas anteriores.

Es muy interesante la confirmación de Pedro de la recepción del Espíritu Santo.

Los sacerdotes no rezan según el librito de Pedro, aunque dicen que son representantes de los Apóstoles.

En la iglesia romana, por ejemplo, solo los romanos son dignos de las gracias de Dios. En la iglesia protestante es la misma teoría.

Estos sacerdotes están siempre dispuestos a resistir a Dios. No pueden comprender, hasta ahora, el significado de la visión de Pedro.

En el pasado, solo los circuncidados se consideraban merecedores y dignos de la gracia celestial, aunque la circuncisión era un estigma externo hecho sobre la carne. El apóstol Pablo enseñó muy bien que ni la circuncisión ni la incircuncisión valen nada, sino que la fe obra por la caridad.

Finalmente, la doctrina de Pedro merece la atención de los estudiosos de los Evangelios, para comprender mejor el camino, la verdad y la vida, ejemplificados por nuestro Señor Jesucristo para nuestra redención.

PUBLICIDAD EN DISPERSIÓN – PAULO EN ANTIOQUIA

"Por eso los que fueron esparcidos por la tribulación que sobrevino a causa de Esteban, llegaron hasta Fenicia, Chipre y Antioquía, sin predicar la palabra a nadie, sino solo a los judíos. Pero algunos de los que eran de Chipre y de Cirene, cuando fueron a Antioquía, también hablaron a los griegos, predicándoles sobre el Señor Jesús. Y la mano del Señor estaba con ellos, y un gran número de los que creyeron se convirtieron al Señor. La Iglesia en Jerusalén, al enterarse de esto, envió a Bernabé a Antioquía; el cual, cuando vino y vio la gracia de Dios, se regocijó y exhortó a todos a perseverar en el Señor con firmeza de corazón; porque era hombre bueno y lleno del Espíritu Santo y de fe. Y mucha gente se unió al Señor. Bernabé partió hacia Tarso en busca de Saulo y, hallándolo, lo llevó a Antioquía. Y durante todo un año se reunieron con la iglesia e instruyeron a mucha gente; y en Antioquía los discípulos fueron llamados cristianos por primera vez." – Capítulo 6:19–26.

Una vez disuelta la comuna, los cristianos se dispersaron pasando por diferentes localidades, Fenicia, Chipre y Cirene, hasta llegar a Antioquía.

No querían hablar de Jesús y de su Doctrina, por el miedo que se sentían poseídos por el ataque del que fue víctima Esteban. Pero en Antioquía, lugar donde había más garantías, como también había pasado algún tiempo, comenzaron a predicar el Evangelio.

La congregación de Jerusalén, que era la más fuerte, al oír esto, al oírlo, envió a Bernabé, un gran médium, a Antioquía, con excelente asistencia espiritual (lleno del Espíritu Santo). Era un hombre muy digno, estimado y autoritario.

Al llegar a Antioquía, conociendo la situación del cristianismo en aquella ciudad, partió hacia Tarso en busca de Pablo, el gran Apóstol, quien durante un año dio conferencias a los neófitos. Instruyendo a muchas personas, al punto que los discípulos que allí se reunieron recibieron, por primera vez, el nombre de cristianos.

Aparte de las nuevas conversiones y un aumento del proselitismo, no se advierte en este capítulo ningún otro hecho digno de comentario.

HABLA AGABO PROFETIZANDO UNA HAMBRUNA

Agabo, que estaba en Jerusalén, fue una de las luminarias del cristianismo. Cuando Pablo estaba en Antioquía, algunos profetas de Jerusalén decidieron ir a Antioquía. Uno de ellos, Agabo, levantándose, tomado por el espíritu, profetizó que habría hambre en todas partes. Y esto, en efecto, se comprobó, como dice en el capítulo 9: 27 al 30, de los Hechos, que recomendamos lectura a los lectores.

Los fenómenos de predicción del futuro se destacan, como puede verse, en el Nuevo Testamento.

En el pasado, como hoy, había hombres, asistidos por espíritus, que daban avisos sobre acontecimientos futuros. Son hechos que contribuyen a demostrar la existencia del alma y la continuidad de la vida, sin dependencia del cuerpo carnal.

Al tener Pablo y Bernabé retirarse a Judea, los discípulos de Antioquía contribuyeron y enviaron, por medio de ambos, ayuda pecuniaria a los que estaban en Judea, para acelerar la obra de propaganda.

Desgraciadamente, la propaganda no prescinde de la ayuda monetaria, y los antiguos cristianos comprendieron bien esta necesidad.

La hermandad en el cristianismo lo era todo. Fue gracias a ella que el cristianismo, con la ayuda de los Espíritus, echó raíces y se extendió en poco tiempo por todas partes.

LA MUERTE DE TIAGO – PEDRO ES ARRESTADO OTRA VEZ – MARAVILLOSAS MANIFESTACIONES EN PRISIÓN

La vida de los Apóstoles estuvo llena de sufrimiento por un lado y de triunfos por el otro. Esto es lo que Léon Denis llamó la gloriosa unidad y el martirologio de los médiums.

La persecución, la calumnia, los insultos y las cadenas cubrieron siempre de castigo a los discípulos de Jesús; pero, por otra parte, los espíritus realizaban, a través de ellos, prodigios que les daban alegría y felicidad interior.

Algunos fueron sacrificados o apedreados en público, como Esteban, otros fueron asesinados a espada, como Santiago. Pero ninguno parecía abandonado. El cielo se abrió sobre sus cabezas y afrontaron con ánimo todo el martirio.

Pedro fue un héroe de las primeras cruzadas. Siempre inspirado por el espíritu, no tuvo miedo, realizó prodigios y milagros se realizaban ante sus ojos, hasta el punto que él mismo quedó con la boca abierta.

Después de los maltratos que Herodes ordenó contra varios discípulos, y de la muerte de Santiago, que fue pasado a espada,

Pedro fue arrestado por orden del propio Herodes, como se leerá en el relato de Lucas, incierto en el capítulo 12: 1–9.

Santiago era hermano de Juan Evangelista y de Andrés, este último también Apóstol; el llamado Santiago Mayor, hijo de Zebedeo, fue el cuarto de los doce Apóstoles elegidos por Jesús, y uno de los cuatro que acompañaron a Jesús en la Pasión, en el Huerto de los Olivos y en la Transfiguración en el Tabor.

Después de la resurrección del Señor, Santiago regresó a Jerusalén de donde había salido, con ocasión de la muerte del Maestro, y predicó el Evangelio con tanto celo que los miembros del Sanedrín exigieron a Herodes Agripa la muerte del Apóstol. Fue el primer discípulo intrépido que se sacrificó por la religión.

Pasemos a la transcripción del capítulo:

"En aquel tiempo el rey Herodes hizo arrestar a algunos de la iglesia para maltratarlos. Y mandó matar a espada a Jacobo, hermano de Juan. Viendo que esto agradaba a los judíos, hizo aun más, también mandó prender a Pedro, y eran los días de los panes sin levadura, y habiéndolo prendido, lo metió en prisión, entregándolo a cuatro escoltas de cuatro soldados cada uno para que lo custodiaran, con la intención de presentarlo al pueblo después de Pascua. Entonces Pedro fue mantenido en prisión; pero la iglesia oró insistentemente a Dios por él. Cuando Herodes se disponía a presentarlo, esa misma noche, estaba durmiendo entre dos soldados, encadenado con dos cadenas, y centinelas a la puerta custodiaban la prisión. Y he aquí vino un ángel del Señor, y una luz brilló en la cárcel, y tocó el costado de Pedro y lo despertó, diciendo: Levántate pronto. Y las cadenas cayeron de sus manos. El ángel añadió: Cíñete y ponte tus sandalias. Y así lo hizo. Y él le dijo: Cúbrete con tu manto y sígueme. Pedro salió y lo siguió, y no sabía que lo que hacía el ángel era real, sino que pensaba que era una visión. Después de haber pasado el centinela primero y segundo, llegaron a la puerta de hierro que conduce a la ciudad, la cual se abrió para ellos por sí sola; y saliendo, caminaron por una calle, y pronto el ángel lo dejó. Pedro, volviendo en sí, dijo: Ahora sé verdaderamente que el Señor envió su ángel y me libró de la mano de Herodes y de todo lo que esperaba el pueblo judío. Después de reflexionar, fue a casa de María, madre de Juan, de apellido Marcos, donde se encontraba mucha gente reunida orando. Cuando llamó a la puerta, una doncella llamada Rhode vino a ver quién era; y reconociendo la voz de Pedro, llena de alegría no abrió la puerta, sino corriendo adentro, diciendo que Pedro estaba allí. Le dijeron: Estás loca. Ella; sin embargo, aseguró que era él. Ellos dijeron; y tu ángel. Pero Pedro siguió tocando; y cuando abrieron la puerta, lo vieron y quedaron asombrados. Pero él, haciéndoles un gesto con la mano para que callaran, les contó cómo el Señor le había sacado de la cárcel, y añadió: Decid esto a Jacobo y a los hermanos, y saliendo se retiró a otro lugar. Tan pronto como amaneció, hubo un gran alboroto entre los soldados por lo que le había sucedido a Pedro. Herodes, buscándolo y no hallándolo, preguntó a los centinelas y ordenó que fueran castigados; y cuando bajó de Judea a Cesárea, se quedó allí."

Este magnífico relato, extraído *ipsis verbis* de los Hechos, reproduce todos los fenómenos físicos observados por los sabios inminentes en sus experiencias espíritas: rotura de cadenas de hierro, materialización del espíritu, etc.

Por otro lado, se nota que todos en la congregación en casa de María estaban muy conscientes de las apariciones de los espíritus, sin las cuales no podrían haber dicho que era el "Ángel de Pedro" (periespíritu) y no Pedro.

La gran protección que tuvo Pedro lo libró, como se ve, de muchas tribulaciones.

Si se hiciera una comparación entre la vida de Pedro y la vida de los Papas, se vería cómo esta última es la antítesis absoluta de la primera.

Qué bueno sería que los Papas fueran realmente sucesores de Pedro; el mundo de hoy sería reformado. La Iglesia no sería de Roma, ni de la tierra, no habría plata ni oro en los templos, con tanta sobra que podrían incluso alentar matanzas contra los propios hermanos, pero habría maravillas, habría amor, habría fraternidad y fe.

MUERTE DE HERODES

"Ahora Herodes se enojó contra los de Tiro y Sidón; Sin embargo, ellos, de común acuerdo, se presentaron a él y, tras lograr el favor de Blasto, chambelán del rey, pidieron la paz, porque era del país del rey de donde se abastecía su país. Un día señalado, Herodes vestido con traje real, sentado en el trono, les habló; y el pueblo gritó: Es voz de dios y no de hombre. En el mismo momento, un ángel del Señor lo hirió, porque no había dado gloria a Dios; y comido por los gusanos, expiró." Capítulo 12: 20 – 23.

La muerte de Herodes no está en el programa de este libro: *"Vida y Hechos de los Apóstoles."* Y si hicimos referencia a ello es porque ciertamente debería ser un hecho importante en el que la atroz persecución llevada a cabo contra los Apóstoles y discípulos debería disminuir o, al menos, cambiar de forma.

Eso es lo que vamos a ver.

INSTRUCCIONES DEL ESPÍRITU – TOUR PUBLICITARIO

"Había profetas y doctores en la Iglesia de Antioquía: Bernabé, Simón, cuyo apellido era Níger, Lucio de Cirene, Manaén, el héroe de Herodes el Tetráreo, y Saulo. Mientras ministraban delante del Señor y ayunaban, el Espíritu Santo les dijo: Apartadme a Bernabé y a Saulo para la obra a que los he llamado; Luego, después de ayunar, oraron, les impusieron las manos y los despidieron.

Entonces ellos, enviados por el Espíritu Santo, descendieron a Seleucia y de allí navegaron a Chipre y, llegando a Salamina, proclamaron la palabra de Dios en las sinagogas de los judíos; y también tenían a Juan como ayudante." – Capítulo 13: 1 – 5.

La asociación cristiana de Antioquia, como se ve, había crecido de manera notable, llegando a tener entre ella muchos médicos y profetas. La gente buena ya no se avergonzaba del nombre de Jesús y pedía un lugar en la asociación. Vemos por ejemplo, entre los cristianos de Antioquía, el "hermano de leche" (collar) de Herodes, rey de Judea, y el propio gobernador de Antioquía (tetrarca).

Fue en una de las reuniones, que se celebraron con gran religiosidad, donde se manifestó el espíritu guía, ordenando la selección de Bernabé y Pablo para una gira de propaganda, que debía realizarse bajo su dirección.

Estos Apóstoles, después de recibir el testimonio de amor fraterno y de solidaridad de todos los que les impusieron las manos, partieron, bajaron a Seleucia, de allí tomaron la barca, navegaron hasta Chipre y se dirigieron a Salamina, donde encontraron a Juan, naturalmente. Juan Marcos, que les ayudó en el trabajo espiritual que allí hacían.

Es importante no olvidar que los Apóstoles no obedecieron ciegamente las órdenes de terceros, sino que siempre escucharon las deliberaciones del grupo cuando éste estaba bajo la influencia visible del espíritu.

Todas las resoluciones importantes fueron tomadas por el espíritu jefe del gremio.

Las iglesias en el pasado no eran, como lo son hoy, sinónimo de casas, edificios levantados para el culto. Iglesia, en expresión evangélica, es la reunión de creyentes, actuando cada uno con sus dones espirituales.

PROCONSUL SÉRGIO PAULO – ELYMAS, EL FALSO PROFETA

Habiendo atravesado toda la isla hasta Pafos, encontraron a un judío llamado Bar Jesús, un mago, un falso profeta, que estaba con el procónsul Sergio Paulo, un hombre sensato. Habiendo llamado a Bernabé y a Saulo, mostró deseo de oír la palabra de Dios. Pero Elymas, el mago (porque así se interpreta su nombre), se opuso a ellos, tratando de apartar de la fe al procónsul. Pero Saulo, también llamado Pablo, lleno del espíritu de Dios, fijó sus ojos en él y dijo: Oh hijo del diablo, lleno de todo engaño y de toda malicia, enemigo de toda justicia, no dejarás de pervertir los caminos rectos. del Señor. He aquí ahora la mano del Señor sobre ti, y quedarás ciego y no verás el sol por algún tiempo. En ese mismo momento, la niebla y la oscuridad cayeron sobre él y, caminando, buscó alguien que lo guiara de la mano. Entonces, cuando el procónsul vio lo sucedido, creyó, maravillándose de la doctrina del Señor." – Capítulo 13: 6 – 12.

Los falsos profetas, desde los tiempos del cristianismo, estuvieron esparcidos por todas partes.

Juan Evangelista, en su 1º Epístola, capítulo 4, recomendaba en aquel tiempo: "No creáis a todo espíritu, sino probad los espíritus si son de Dios; porque muchos falsos profetas han aparecido en el mundo."

En este capítulo de Hechos, vemos a Pablo peleando con un falso profeta, quien sirvió de barrera para que el procónsul Sergio recibiera el Evangelio.

En todos los tiempos ha habido falsos médiums, como los hay todavía entre nosotros. Debemos tener cuidado con estos falsos "magos", que distorsionan el significado de la doctrina y tratan de entregarse a las cosas santas, sin preocuparse por el daño espiritual que causan a sus hermanos.

Elymas sufrió un merecido *corrigendum*, castigo que, sin duda, debe contribuir a su futura regeneración. Saulo, cegado por la descarga fluida que recibió en el camino a Damasco, recibió más tarde la Palabra de Jesús y las ordenaciones que le fueron dadas, como nuevo Apóstol del cristianismo. ¿Debería haber ocurrido lo mismo, tal vez, con Elymas?

No lo sabemos, porque la naturaleza de Saulo era muy diferente a la de Elymas. Éste era un hombre de carácter, sincero, leal, y si se equivocaba, se equivocaba convencido que tenía razón. Por eso Jesús, conociendo su carácter y su honor, lo eligió como vaso exquisito para llevar la fe a los gentiles. No así a Elymas; podemos ver que era un individuo egoísta, de mala fe y sin carácter.

En cualquier caso, la acción poderosa del espíritu se sintió y el mistificador ya no pudo obstaculizar el camino de la verdad.

El evangelista dice que sobre los ojos de Elymas cayó niebla y oscuridad; es decir, los fluidos liberados por la acción magnética que naturalmente paralizaron la visión del mago.

Este fenómeno contribuyó en gran medida a la conversión del procónsul que poco después recibió el complemento de la Doctrina que había de salvarlo.

DISCURSO DE PABLO EN ANTIOQUIA

"Pablo y sus compañeros zarparon de Pafos y se dirigieron a Perge, en Panfilia; Pero Juan, dejándolos, volvió a Jerusalén. Pero ellos, pasando de Perge, llegaron a Antioquía de Pisidia, y entrando en la sinagoga en día de sábado, se sentaron. Después de leer la Ley y los Profetas, los jefes de la sinagoga les dijeron que dijeran: Hermanos, si tenéis alguna palabra de exhortación para el pueblo, decidla." – Capítulo 13: 13 – 15.

Después de la obra realizada en Pafos, Bernabé y Pablo fueron a Perge en Panfilia. Juan Marcos partió hacia Jerusalén. De Perge los Apóstoles se dirigieron a Antioquía de Pisidia. Fue allí donde Pablo pronunció su gran discurso, con narraciones históricas tomadas del Antiguo Testamento.

Los jefes de la Sinagoga fueron los primeros en ofrecer la palabra a los Apóstoles, como exhortación al pueblo.

Fue cuando Pablo, levantándose de entre ellos, comenzó su discurso, inserto en el Capítulo 13: 17–41, que tenemos el gran placer de transcribir:

"Israelitas, y vosotros que teméis a Dios, oíd: El Dios de este pueblo de Israel escogió a nuestros padres, y enalteció a este pueblo en el tiempo que habitaban en la tierra de Egipto, de donde los sacó con brazo fuerte, y soportó sus maldades costumbres en el desierto durante casi cuarenta años; y habiendo destruido siete naciones en la tierra de Canaán, les dio esta tierra en herencia por unos cuarenta y cinco años. Después de esto les dio jueces hasta el profeta Samuel. Entonces pidieron rey, y Dios les dio a Saúl hijo de Kis, de la tribu de Benjamín, por cuarenta años; y habiéndolo depuesto, levantó por rey a David, de quien también dando testimonio, dijo: He hallado a David hijo de Gesheh, varón conforme a mi corazón, y él hará todos mis deseos. De su descendencia, según la promesa, Dios trajo a Israel un Salvador que es Jesús; Juan predicó primero, antes de su venida, el bautismo de arrepentimiento a todo el pueblo de Israel. Cuando Juan completó su carrera dijo: No soy lo que pensáis; pero detrás de mí viene uno cuyas sandalias no soy digno de desatar. Hermanos, descendientes de Abraham y los que entre vosotros teméis a Dios, a nosotros nos ha sido enviada la palabra de esta salvación. Porque los que vivían en Jerusalén y sus magistrados, sin conocer a Jesús ni las enseñanzas de los profetas que se leen cada sábado, condenándolo, cumplieron las profecías; y aunque no encontraron la causa de la muerte, pidieron a Pilato que lo hiciera morir. Cuando cumplieron todo lo que estaba escrito acerca de él, lo bajaron del madero y lo pusieron en un sepulcro. Pero Dios lo resucitó de entre los muertos; y apareció muchos días a los que subieron con ellos de Galilea a Jerusalén, y que ahora son sus testigos al pueblo. Os anunciamos la buena nueva de la promesa hecha a nuestros padres, cómo Dios la cumplió plenamente a nuestros hijos, resucitando a Jesús, como también está escrito en el Salmo segundo: Tú eres mi hijo; Hoy te engendré. Y el que resucitó de entre los muertos para nunca más volver a corrupción, dijo de esta manera: Os daré las cosas santas y seguras prometidas a David. Por eso dice también en otro Salmo: No permitirás que tu santo experimente corrupción. Porque en verdad, cuando David hubo cumplido el consejo de Dios a su término, durmió y se reunió con sus padres y experimentó corrupción; pero aquel a quien Dios resucitó de entre los muertos no experimentó corrupción. Sepan, pues, hermanos, que por medio de este se les anuncia el perdón de los pecados; y de todo aquello de lo que por la ley de Moisés no pudisteis ser justificados, por Él todo el que cree es justificado. Por tanto, mirad que no os suceda lo que se dijo en los profetas:

'Mirad, despreciadores, maravillaos y desapareced. Porque hago una obra en tus días. Una obra que no creerás de ninguna manera, aunque alguien te la cuente.'"

Lucas nos cuenta que el discurso de Pablo fue tan bien recibido que todos pidieron a los Apóstoles que la palabra se repitiera nuevamente el sábado siguiente. Hubo muchas conversiones de judíos devotos y prosélitos que siguieron a Pablo y Bernabé, quienes los persuadieron a perseverar en la gracia. de Dios.

PABLO Y BERNABÉ SE DIRIGEN A LOS GENTILES

"Al sábado siguiente, casi toda la ciudad se reunió para escuchar la palabra de Dios. Pero los judíos, al ver la multitud, se llenaron de envidia y, blasfemando, contradecían lo que decía Pablo. Pablo y Bernabé, hablando con valentía, dijeron: A vosotros erais a vosotros a quienes se debía hablar primero la palabra de Dios; pero como vosotros la rechazáis y os juzgáis indignos de la vida eterna, he aquí, ahora nos volvemos a los gentiles. Porque esto es lo que el Señor nos ordenó:

Os he puesto para la luz de los gentiles. Para que seáis salvos hasta los confines de la tierra.

Cuando los gentiles oyeron esto, se regocijaron y glorificaron la palabra del Señor, y creyeron todos los que estaban destinados a la vida eterna; y se corrió la voz del Señor en toda esa región. Pero los judíos incitaron a las mujeres piadosas de alto rango y a los gobernantes de la ciudad, provocaron una persecución contra Pablo y Bernabé y los expulsaron de su territorio. Pero cuando éstos se sacudieron el polvo de los pies, fueron a Iconio, y los discípulos se llenaron de gozo y del Espíritu Santo." - Capítulo 13: 44 – 52.

El judaísmo se reproduce perfectamente en el romanismo. Es el mismo espíritu de odio, de absolutismo, de privilegio, de superioridad.

Los judíos, bajo dirección sacerdotal, como se ve en el relato de los Hechos, no soportaron la palabra apostólica y siempre la contradijeron, pero lo hicieron sin fundamento, sin lógica, sin razón plausible que justificara sus condenas. Y cómo el pueblo aplaudió y compitió la prédica de los Apóstoles, instigaron, como lo hacen hoy los sacerdotes romanos, a mujeres devotas de alta posición y líderes del pueblo, a perseguir a los discípulos de Jesús, expulsándolos del territorio.

No hay duda de que, con armas tan infames, no pudieron dejar de derrotar a aquellos en cuyos corazones solo palpitaba la humildad, el amor y la resignación.

Los Apóstoles se retiraron, pero no olvidaron poner en práctica la recomendación del Maestro, sacudiéndose el polvo de los pies contra los enemigos del bien.

Sin embargo, los gentiles, cuya religión no era otra que el Paganismo inconsciente e idólatra, recibieron con los brazos abiertos a los nuevos cazadores y abrieron sus corazones a las radiaciones de la luz celestial que debían iluminar el camino hacia la vida eterna. Y los gentiles se regocijaron y glorificaron la palabra del Señor, hablada por los portadores de la Redención.

Finalmente, los Apóstoles partieron hacia Iconio, y los que se quedaron y se convirtieron se regocijaron en el Señor permaneciendo en oración y estudio para alcanzar mayores gracias.

LOS DISTURBIOS EN ICONIO – PAULO Y BARNABÉ EN ICONIO Y LISTRA

"En Iconio, Pablo y Bernabé entraron juntos en la sinagoga de los judíos y hablaron de tal manera que creyó una gran multitud de judíos y griegos. Pero los judíos que no creían excitaron y exasperaron a los gentiles contra sus hermanos. Al entrar, se detuvieron allí mucho tiempo, hablando con valentía del Señor, que daba testimonio de la palabra de su gracia, concediendo que sus manos hicieran milagros y prodigios. Pero la gente de la ciudad estaba dividida; y algunos eran para los judíos y otros para los Apóstoles. Y como había un movimiento de los gentiles y de los judíos juntamente con sus autoridades, para ultrajarlos y apedrearlos, ellos, sabiéndolo, huyeron a Listra y Derbe, ciudades de Liconia, y a la región circundante, y allí predicaron el Evangelio." – Capítulo 14: 1 – 7.

La tarea apostólica no transcurrió sobre un lecho de rosas; tuvieron que afrontar la vergüenza y enfrentarse al espíritu del sistema arraigado en las masas materializadas.

A su vez, las autoridades, en lugar de desempeñar su papel de distribuidoras de Justicia, van siempre en contra de las verdades que emergen y del espíritu liberal que anima a los buscadores del bien.

Autoridades y sacerdotes, siempre del brazo, representando a la nobleza y al capitalismo, han sido en todas las épocas la espada de los libertadores que, empuñando el faro divino del progreso, se esfuerzan por iluminar a los hombres con el gran ideal de la perfección.

Sin embargo, cabe señalar una cosa interesante: que, en la época del cristianismo, a pesar del odio judío, a los Apóstoles se les permitió hablar en las sinagogas. Los espíritus romano y protestante en este momento son más estrechos, más tímidos, más sectarios. ¿Quién puede presentarse en una de estas iglesias para presentar sus ideas? Nadie. Sin embargo, las iglesias y los templos son propiedad del pueblo, es el pueblo quien los construye, quien los mantiene, quien los embellece. Pero el sacerdote es su legítimo dueño, hace lo que quiere con las "casas de oración"; permite y prohíbe la entrada a los templos a quien le plazca.

De todos modos, de esta diatriba concluimos que una gran parte del pueblo creyó y se puso del lado de los Apóstoles. Estos, al verse amenazados, se retiraron a Listra y Derbe, a donde acudieron con el objetivo de predicar el Evangelio.

En Iconio los Apóstoles realizaron grandes milagros; Muchos hechos espíritus se desarrollaron ante los ojos del pueblo para fortalecer su creencia y demostrar que la Doctrina de Jesús no es una cosa abstracta como algunos piensan, sino un todo concreto, compuesto de filosofía y moral, basado en hechos psíquicos que demuestran la inmortalidad.

PODER Y HUMILDAD DE LOS APÓSTOLES – LA CURACIÓN DE LOS COJOS

"En Listra estaba sentado un hombre tullido de los pies, cojo de nacimiento y que nunca había caminado. Oyó hablar a Pablo, y él, mirándolo y viendo que tenía fe en que sería sanado, dijo en alta voz: Levántate derecho sobre tus pies. Y saltó y caminó.

La multitud, al ver lo que Pablo había hecho, alzó la voz en lengua icaónica, diciendo: Los dioses en forma humana descendieron a nosotros, y llamaron a Bernabé Júpiter y a Pablo Mercurio, porque era él quien hablaba. El sacerdote de Júpiter, que estaba delante de la ciudad, trajo toros y guirnaldas a las puertas y quiso sacrificar con la multitud. Pero cuando los apóstoles Bernabé y Pablo oyeron esto, rasgaron sus vestidos y saltaron entre la multitud, gritando: Señores, ¿por qué hacéis esto? Nosotros también somos hombres de la misma naturaleza que vosotros, y os anunciamos el Evangelio, para que de estas vanidades os volváis al Dios vivo, que hizo el cielo, la tierra, el mar y todo lo que en ellos hay; quien en tiempos pasados permitió que todas las naciones anduvieran por sus propios caminos y; sin embargo, no dejó de dar testimonio de sí mismo, haciendo el bien, dándoos lluvias y estaciones fructíferas desde el cielo, llenándoos de alimento y vuestro corazón de alegría. Dicho esto, con dificultad impidieron que la multitud les ofreciera sacrificios." – Capítulo 14: 8 – 18.

La curación del cojo en Listra se llevó a cabo mediante el mismo proceso que la curación del cojo en el templo de la Puerta Hermosa, realizada por Pedro.

Pablo también tuvo, como Pedro, el gran don de curar a los enfermos. Fue, como decíamos, uno de los signos que involucraron a los Apóstoles. La fe contribuye en gran medida al éxito de estas curas. Jesús dijo a quienes le pedían que le restaurara la salud: "Si tenéis fe, todo es posible." Sin duda, este fenómeno, como todos los demás catalogados en los Evangelios y que el Espiritismo reproduce, producen gran sensación.

Eso es lo que pasó en Listra. Admirando el hecho; sorprendentemente que acababan de observar, no solo al hombre sanado, sino también todos los que presenciaron el acontecimiento, juzgaron, de acuerdo con sus ideas primitivas, que Pablo y Bernabé eran dioses bajados a la tierra.

Sometidos al politeísmo, sin idea de la verdadera religión que enseña todas las cosas a los hombres, estaban dispuestos a ofrecer a "estos dioses" toros y guirnaldas, como era su costumbre, pero los Apóstoles, comprometidos con sus deberes y fieles a la misión quienes lo realizaban, inmediatamente repudiaron las ofrendas, los holocaustos y las ovaciones, haciéndoles ver que Dios no permite estas cosas, ya que, como Él es dueño de todo, no nos corresponde a nosotros ofrecerle presentes ni sacrificios.

El signo del lado opuesto es el desinterés y la humildad, y estos Apóstoles deberían resaltar esto para que la Doctrina que predicaban fuera aceptada en sus principios constitutivos, para poder verdaderamente salvar almas.

El lector observa atentamente la vida de los Apóstoles, sus acciones, su predicación y nos dice, con la mano en la conciencia, si los sacerdotes actuales tal vez imitan alguna de las gestas de estos grandes instructores de la humanidad.

Dieron y no recibieron, fueron perseguidos y no persiguieron, todas sus palabras, todas sus acciones fueron otras tantas alabanzas al Dios vivo, que hizo la Tierra, el cielo, el mar y todo lo que hay en ellos. Rechazaron las glorias, repudiaron las alabanzas, vituperaron el oro maldito que tanto esclaviza a los sacerdotes de nuestro tiempo, y sufrieron persecuciones injustas, alabando siempre al Señor y dando buen testimonio que, en efecto, eran cristianos.

Estaban llenos de poder, porque eran humildes y verdaderos, por eso el espíritu siguió sus pasos proporcionándoles todo lo que necesitaban.

EL REGRESO DE PABLO Y BARNABÉ

"Sin embargo, llegaron algunos judíos de Antioquía y de Iconio y, habiéndose ganado el favor del pueblo, apedrearon a Pablo y lo arrastraron fuera de la ciudad, dejándolo por muerto.

Pero cuando los discípulos lo rodearon, él se levantó y entró en la ciudad. Al día siguiente partió con Bernabé hacia Derbe. Evangelizando aquella ciudad y habiendo hecho muchos discípulos, regresaron a Listra, Iconio y Antioquía, confirmando el espíritu de los discípulos, exhortándolos a permanecer en la fe y diciendo que a través de muchas tribulaciones es necesario que entremos en el reino de Dios. Habiendo elegido ancianos para ellos en cada iglesia, después de orar y ayunar, los encomendaban al Señor en quien habían creído. Cruzando Psidia, llegaron a Panfilia. y habiendo predicado la palabra en Perge, descendieron a Atalía y de allí navegaron hacia Antioquía, de donde habían sido encomendados a la gracia de Dios por el trabajo que habían realizado. Cuando llegaron allí y reunieron a la iglesia, contaron cuántas cosas había hecho Dios con ellos y cómo había abierto la puerta de la fe a los gentiles. Y estuvieron mucho tiempo con los discípulos." – Capítulo 14: 19 – 28.

La gira evangélica ordenada por el espíritu en el Cenáculo de Antioquía estaba casi culminada.

Resulta que los Apóstoles tuvieron una gran alegría, muchos prosélitos estaban incluidos entre el número de cristianos, tanto judíos como gentiles. Se realizaron valiosas conversiones, como la del procónsul Sérgio Paulo, el sacerdote de Júpiter y muchos otros líderes de sinagoga que escucharon, por primera vez, de labios de Pablo, la palabra de salvación. En Chipre, Salamina, Pafos, Perge, Panfilia, Antioquía de Psidia, Iconio y Listra, el éxito fue grande. En esta última ciudad, el sacerdocio de Antioquía y de Iconio, sabiendo del éxito de Listra, envió ladrones que provocaron alborotos entre el pueblo y apedrearon a Pablo, dejándole por muerto el tratamiento que necesitaba, partiendo al día siguiente hacia Derbe. En esta ciudad anunció el Evangelio, haciendo muchas conversiones, y con su compañero Bernabé regresaron, pasando de nuevo por Listra, Iconio y Antioquía de Psidia, habiendo hablado sin cesar en todas estas ciudades, donde exhortó a los discípulos a permanecer en la fe y diciendo que el reino de Dios se gana enfrentando tribulaciones y luchando por la edad espiritual. En estas ciudades hicieron que los discípulos eligieran compañeros adecuados para continuar la tarea que habían comenzado, y después de las habituales oraciones, se dirigieron a Panfilia, donde volvieron a hablar, como en Perge, descendieron a Atalía y finalmente llegaron a Antioquía.

Una vez reunido el grupo de Antioquia, en asamblea los ilustres misioneros explicaron lo que hicieron durante aquella excursión, narraron todos los fenómenos que a través de ellos ocurrieron, y cómo Dios había abierto las puertas de la fe a los gentiles,

En esta ciudad descansaron de sus cansancios, para luego continuar su labor como evangelistas.

INICIO DE DISPUTAS DOGMATICAS

"Algunos hombres, descendientes de Judea, enseñaron a sus hermanos: Si no os circuncidáis según el rito de Moisés, no podéis ser salvos. Habiendo tenido Pablo y Bernabé una gran riña y discusión con ellos, los hermanos resolvieron que Pablo y Bernabé y algunos otros entre ellos fueran a hablar con los Apóstoles y los ancianos en Jerusalén sobre este asunto. Él, pues, acompañado durante parte del camino por la iglesia, pasó por Fenicia y Samaria, narrando la conversión de los gentiles, y dio gran alegría a todos los hermanos. Al llegar a Jerusalén, fueron bien recibidos por la iglesia, los Apóstoles y los presbíteros, y mencionó todo lo que Dios había hecho con ellos. Pero se levantaron algunos de la secta de los fariseos que habían creído, diciendo: Es necesario circuncidar a los gentiles y mandarles que guarden la ley de Moisés." – Capítulo 15: 15.

El culto externo y el dogmatismo han sido los terribles adversarios de la religión. En todo momento, el culto y el dogma, dos terribles obstáculos al progreso, han distorsionado los principios morales y científicos que son, de hecho, el fundamento, o más bien el alcance, de las revelaciones religiosas.

El cristianismo no es la primera víctima inmolada en el altar de la religión. No podía, por tanto, prescindir de ese bautismo de persecución que las aguas turbias del culto y del dogma vierten sobre las cabezas de los innovadores.

Aun no habían dado, se podría decir, los primeros pasos hacia la erección de la Doctrina de Cristo Jesús, en sus corazones, cuando los conservadores de bagaje farisaico, avivando a los nuevos cristianos que habían pasado de la gentilidad a la nueva fe, ya quería imponerles la circuncisión, una práctica adoptada en los primeros tiempos por Moisés, como operación preventiva contra una enfermedad que estaba muy extendida entre los judíos, debido al clima en el que se encontraban. No podían entender, como no pueden hacerlo los conservadores del "bautismo sacerdotal", que "lo que se hace en la carne es carne" y, por tanto, corruptible e inútil, y solo prevalece para el tiempo lo que se hace en el espíritu.

Pero la circuncisión, como era una práctica tradicional, no podía, según el espíritu del sistema, ser rechazada, y los Apóstoles tuvieron grandes controversias con los fariseos cristianos a este respecto.

Afortunadamente, el colegio apostólico repelió con todas sus energías este injerto que los falsos discípulos pretendían hacer en el árbol del cristianismo, y reunidos en Jerusalén demostraron que los corazones no se purifican en la adoración, sino a través de la fe sincera que Dios nos concede.

Pedro, hablando en el Cenáculo de Jerusalén, como se menciona en los versículos 6 al 11, respecto a la circuncisión, dice: "Hermanos, sabéis que hace mucho tiempo Dios me escogió de entre vosotros, para que los gentiles oyeran de mi boca la palabra del Señor el Evangelio y crean. Y Dios, que conoce los corazones, testificó a favor de ellos, dándoles el Espíritu Santo, como a nosotros, y no hizo distinción entre nosotros y ellos, purificando sus corazones por la fe. Ahora pues, ¿por qué privas a Dios poniendo sobre el cuello de los discípulos un yugo que ni siquiera nosotros podemos llevar en el caso de nuestros padres? Pero creemos que por la gracia del Señor Jesús seremos salvos, como ellos."

Después de las palabras de Pedro, Pablo y Bernabé se levantaron y narraron las aventuras que habían vivido en su gira y los fenómenos prodigiosos que Dios había obrado, a través de ellos, entre los gentiles. (v.12)

Después de terminar la presentación de los dos Apóstoles, Santiago dio su opinión sobre el asunto en cuestión, terminando con las palabras textuales: "Creo que no se debe molestar a los gentiles que se están convirtiendo a Dios, sino escribirles que se abstengan de la comida ofrecida a los ídolos, disensiones, animales ahogados y sangre. Porque Moisés, desde la antigüedad, tuvo hombres en cada ciudad que lo predicaban en las sinagogas, donde era leído todos los sábados. (v. 13–21).

Esta resolución es sabia y esencialmente cristiana.

No se podía esperar otra cosa de Santiago, que también era discípulo de Jesús, habiendo sido llamado por el Maestro en el segundo año de su predicación. Era hijo de Alfeo y María Cleofás, que era hermana de María, madre de Jesús.

Después de Pentecostés, Santiago, el más joven, fue llamado a director del núcleo de Jerusalén. Santiago es el autor de la extraordinaria Epístola Universal que lleva su nombre. Antes de terminar este capítulo transcribimos algo de esta "Carta Magna", que es una verdadera obra maestra de fe y caridad.

Pero dada la opinión de Jacobo en la asamblea, aprobada por todos, fueron elegidos Judas, llamado Barsabás, y Silas, hombres principales entre los hermanos, para ir a Antioquía, en compañía de Pablo y Bernabé, como portadores del mensaje que el

Apóstoles enviados al núcleo de dicha ciudad, cuyo contenido es el siguiente:

"Hermanos apóstoles y ancianos, a los hermanos de entre las naciones de Antioquía, Siria y Cilicia, saludos. Sabiendo que algunos entre nosotros, a quienes no habíamos dado ninguna orden, os han perturbado con palabras, trastornando vuestras almas, nos ha parecido bien, habiendo llegado a un acuerdo, elegir hombres y enviároslos con nuestros amados hermanos Bernabé y Pablo, quienes han expuesto sus vidas por el nombre de nuestro Señor Jesucristo. Enviamos, pues, a Judas y a Silas, quienes también de palabra dirán lo mismo. Porque ha parecido bien al Espíritu Santo y a nosotros, no imponeros ninguna carga mayor que estas cosas necesarias: que os abstengáis de las cosas sacrificadas a los ídolos, de la sangre, de los animales ahogados y del libertinaje; y de estas cosas haréis bien en guardaros. Salud."

La carta fue leída en una reunión general en Antioquía y la congregación se alegró mucho. Judas y Silas, que también eran profetas, hablaron en aquella ocasión, transmitiendo palabras de fortaleza y consuelo a los hermanos.

Judas y Silas descansaron unos días en Antioquía, decidiendo este último quedarse allí, tras lo cual acompañó a Pablo en otra gira evangélica, y Bernabé se dirigió luego a Jerusalén con Juan Marcos, permaneciendo Judas en esta última ciudad.

Por lo que se puede ver en la época apostólica, la circuncisión era un "sacramento del mosaísmo" contra el cual los Apóstoles lucharon duramente.

En sus diversas epístolas dirigidas a las iglesias no deja de criticar esta práctica que se estaba introduciendo entre los cristianos como un estigma heredado del fariseísmo.

Escribiendo, por ejemplo, a los Gálatas, cap. 5:6, dice: "Porque la circuncisión y la incircuncisión no tienen virtud en Cristo Jesús; sino fe que obra por la caridad."

El énfasis es nuestro, para llamar la atención de quienes actualmente cuestionan el bautismo, como lo hicieron los judíos circuncidados, pero se olvidan de la fe que obra a través de la caridad.

En 1 Corintios, Capítulo 7:19, dice: "La circuncisión no es nada, y tampoco la incircuncisión es nada, excepto la observancia de los mandamientos de Dios."

En su exhortación a los Colosenses, Capítulo 3: 5–11, recuerda: "Mortificad vuestros miembros que están en la tierra: concupiscencia, inmundicia, pasión, maldad. La concupiscencia y la avaricia, que es idolatría; a través de las cosas viene la ira de Dios; en los cuales también caminasteis en tiempos pasados, cuando vivisteis en ellos; mas ahora desechad todas estas cosas: la ira, el rencor, la malicia y la calumnia, la palabra corrupta de vuestra boca; No os mintáis unos a otros, despojándoos del viejo hombre con sus obras, vistiéndoos del nuevo hombre, que se renueva al conocimiento a imagen de aquel que lo creó, donde no puede haber ni griego ni judío, ni circuncisión ni incircuncisión, bárbaro, esclavo, libre, pero Cristo es todo y en todas las cosas."

En efecto, el reino de Dios no es circuncisión, ni bautismo, ni sacramento de ninguna especie, sino amor y sabiduría, y en lugar de exterioridades que no valen nada, debe prevalecer el verdadero fruto del Espíritu, que es: "Caridad, paz, paciencia, bondad, fe, mansedumbre y templanza."

En la Epístola de Santiago, a la que nos referimos anteriormente, está el resumen de la religión que todos deben abrazar. Lo recomendamos íntegramente a los estudiosos. Nos limitaremos a algunos extractos que aclaran nuestras afirmaciones. "De qué sirve, hermanos míos, si alguien dice eso; ¿tienes fe si no tienes obras?

¿Puede esta fe salvarlo? Si un hermano o una hermana están desnudos y necesitan el pan de cada día, y alguno de vosotros les dice: Id en paz, calentaos y saciaos, y no les deis lo necesario para el cuerpo, ¿de qué les sirve? Así también la fe, si no tiene obras, está muerta en sí misma. Pero alguien dirá: tú tienes fe, yo tengo obras; muéstrame tu fe sin obras, y yo te mostraré mi fe por mis obras. ¿Crees que Dios es uno? Haces bien; los demonios también lo creen y tiemblan. Pero, ¿quieres saber, oh hombre vanidoso, que la fe sin obras no es nada? ¿No fue por las obras que Abraham, nuestro padre, fue justificado cuando ofreció a su hijo Isaac sobre el altar? Ves que la fe obró con sus obras y que por sus obras la fe se perfeccionó, y se cumplió lo que dice la Escritura: Y creyó Abraham a Dios, y le fue contado por justicia, y fue llamado amigo de Dios. Ves que es por las obras que el hombre es justificado y no solo por la fe. De la misma manera, ¿no fue justificada por las obras Rahab, la ramera, cuando recibió a los espías y los hizo ir por otro camino? Porque como el cuerpo sin espíritu está muerto, así la fe sin obras está muerta." (Capítulo 2: 14–26).

Hablando de sabiduría dice:

"¿Quién entre vosotros es sabio y docto? Mostrad con vuestra buena conducta vuestras obras con mansedumbre de sabiduría. Pero si tenéis celo amargo y espíritu de contención en vuestro corazón, no os jactéis ni mintáis contra la verdad. Esta sabiduría no es sabiduría que viene de arriba, sino que es terrenal, animal y diabólica; porque donde hay celo y espíritu de contención, también hay confusión y toda obra mala. Pero la sabiduría que viene de lo alto es primero pura, luego pacífica, moderada, fácil de reconciliar, llena de misericordia y de buenos frutos, sin parcialidad ni hipocresía. Ahora el fruto de la justicia se siembra en paz para los que son pacificadores." (Capítulo .3:13 – 18).

Para los que, llenos de dinero, piensan que están en religión porque contribuyen a construir iglesias y adquirir ídolos; aquellos que generalmente se enriquecen y no hacen una buena obra de caridad, incluso habiendo adquirido mal su fortuna, dice Santiago:

"He aquí ahora, ricos, llorad y aullad por las desgracias que os sobrevendrán. Vuestras riquezas están podridas, vuestros vestidos apolillados, vuestro oro y vuestra plata están oxidados, y su herrumbre dará testimonio contra vosotros y devorará vuestra carne como fuego. Has atesorado en los últimos días. He aquí, claman los salarios que defraudasteis a los trabajadores que segaban vuestros campos, y las voces de los segadores han llegado a oídos del Señor de los ejércitos. Habéis vivido en delicias en la tierra y os habéis regalado; habéis engordado vuestros corazones el día de la matanza. Has condenado y matado a los justos; él no te resiste." (Capítulo 5: 1 – 6).

El resto de la Epístola lo recomendamos a los lectores.

NUEVA GIRA DE PAULO

"Pablo, habiendo elegido a Silas, salió encomendado por sus hermanos a la gracia del Señor. Y pasó por Siria y Cilicia fortaleciendo las iglesias." (Cap. 15: 40, 41).

"Llegó también a Derbe y Listra. Había allí un discípulo llamado Timoteo, hijo de una mujer judía creyente, pero de padre griego; los hermanos de Listra y de Iconio dieron buen testimonio de él. Paulo quería que fuera en su compañía y llevándolo lo circuncidó, a causa de los judíos de aquellos lugares; porque todos sabían que su padre era griego. Al pasar por las ciudades, los entregaban para observar las decisiones que habían tomado los Apóstoles y los ancianos en Jerusalén. Así las iglesias se fortalecieron en la fe y aumentaron en número cada día." – Capítulo 16: 1 – 5.

Pablo no hizo nada sin la inspiración del espíritu. Manso, dócil y obediente a las sugerencias de Jesús, él, de hecho, se había convertido en su vaso de honor. Así decidió su segunda gira propagandística del gran ideal de perfección.

Durante su visita a Derbe y Listra predicó contra la circuncisión, y entregó a los creyentes de aquella ciudad copia de la resolución adoptada en Jerusalén por los Apóstoles y presbíteros sobre el mencionado tema.

Debía continuar su viaje y habiendo encontrado a un discípulo llamado Timoteo, hombre muy querido no solo en Derbe sino también en Listra, decidió llevarlo consigo. Pero tuvo que pasar por una región donde había numerosos partidarios de la circuncisión, y para que su discípulo Timoteo no fuera considerado sospechoso, el Apóstol lo circuncidó. Así hablaría con toda autoridad.

La autoridad lo es todo para predicar la Doctrina. Sin autoridad nada se puede hacer. Timoteo, como se puede ver, en las Epístolas que Pablo dirigió a este discípulo, se convirtió en una de las columnas de la iglesia. Fue un gran espíritu que contribuyó mucho a la obra cristiana.

Durante su visita a Derbe y Listra, la predicación del Apóstol Pablo agradó mucho a los discípulos que allí se encontraban, dándoles fuerza y fe.

LA VISIÓN EN TROAS

"Atravesaron la región Frigio–Gálata, habiendo sido impedidos por el Espíritu Santo de proclamar la palabra en Asia; y habiendo viajado en dirección a Misia, intentaron ir a Bitinia, pero el Espíritu de Jesús no se lo permitió; y pasando Misia, descendieron a Troas. Por la noche se le apareció a Pablo esta visión: Un hombre de Macedonia estaba de pie y le rogaba: Ven a Macedonia y ayúdanos. Después de esta visión, inmediatamente intentamos partir hacia Macedonia, concluyendo que Dios nos había llamado a predicar el Evangelio allí." – Capítulo 16: 6 – 10.

Los Apóstoles siempre caminaron por visión. En todos sus actos y desde el inicio de su carrera apostólica, la visión jugó un papel predominante.

En la región Frigia–Gálata, el espíritu se apareció a Pablo y Timoteo, impidiéndoles proclamar la palabra en Asia, ya que, ciertamente, no habría ningún beneficio por el atraso de aquellas personas, y para evitar mayores malestares a los buscadores de la verdad. Se vuelven hacia Bitinia, y se les aparece el Espíritu de Jesús, no permitiéndoles continuar hacia Bitinia, por lo que cambian su itinerario, siguiendo por Misia hasta Troas.

En esta ciudad Pablo tuvo una nueva visión: vio a un macedonio de pie delante de él, rogándole: "Ven a Macedonia y ayúdanos."

El Apóstol obedeció las peticiones y se fue con su compañero a Macedonia, pues pensaban que aquella visión era una orden divina para que predicaran el Evangelio en aquella ciudad.

Y habiendo zarpado de Troas, dice el pasaje siguiente, se dirigieron a Samotracia, al día siguiente a Neápolis y de allí a Filipos, ciudad de Macedonia, la primera de la región, y a Colonia. Permanecieron allí unos días. El primer sábado, salieron de la puerta de la ciudad, buscaron un lugar de calma, más lejos, junto a un río, donde encontraron un desierto silencioso para la oración; Allí se sentaron y, como los seguían muchas mujeres que habían oído de ellos, hablaban proclamando el Evangelio. En esta ocasión, una mujer llamada Lidia, que era vendedora de púrpura, de la ciudad de Tiatira, recibió con alegría la Palabra del Señor en su corazón, siendo "bautizada", y ofreció, en su casa, alojamiento a los dos Apóstoles. Permanecieron en esa ciudad por algún tiempo (v. v. 8 – 15.)

E iban todos los días a un lugar más apartado a orar, porque en esos momentos siempre tenían o una visión o una manifestación del espíritu.

El silencio lo es todo para el hombre espiritual. Retirarse, calmarse, mantenerse alejado de las multitudes es una excelente manera de lograr grandes cosas. El filósofo decía: cuanto más me alejo de los hombres, más me acerco a Dios; y el poeta añade: Dios habla cuando las multitudes están tranquilas y los campos están en flor.

En una de estas salidas a oración, les salió al encuentro una muchacha que tenía espíritu adivinatorio (v. v. 16 – 18), quien con sus adivinaciones traía mucho provecho a sus amos. Ella, siguiendo a Pablo y a los demás Apóstoles y creyentes que estaban allí, gritó: "Estos hombres son siervos del Dios Altísimo, que os anuncian el camino de la Salvación." Pero ella lo repitió tanto que Pablo, aburrido, se volvió hacia ella y le dijo al espíritu: "Te mando en el nombre de Jesucristo que la dejes: y al mismo tiempo él se fue. Cuando sus amos vieron que se había perdido la esperanza de obtener ganancias, tomaron a Pablo y a Silas y los arrastraron a la plaza en presencia de las autoridades y, presentándolos a los pretores, dijeron: Estos judíos están causando gran alboroto en nuestra ciudad y anuncian costumbres que no nos es lícito recibir ni practicar, siendo romanos. La multitud se levantó contra ellos, y los pretores, rasgando sus vestidos, ordenaron que los azotaran con varas y, después de darles muchos azotes, les arrojaron en una prisión, ordenando al carcelero que los mantenga a salvo; y él, habiendo recibido esta orden, los arrojó en la prisión interior y les apretó los pies en el cepo."

El espíritu de comercio está en todas partes. No es solo en las iglesias donde comercian, son muchos los que hacen de las gracias del cielo una mercancía para traficar: algunos aplican sus dones espirituales a cambio de dinero, de intereses bastardos, e incluso al servicio de intereses de terceros; otros buscan personas con dones para obtener beneficios de ellos. Finalmente, tanto en el pasado como hoy, el don de la mediumnidad se corrompió y la aparición de sujetos gravados, adivinos y chismosos que, aunque afirmaban en voz alta la misión de los Apóstoles, aplicaban su mediumnidad para fines ajenos a las demostraciones de la inmortalidad y las confirmaciones del Evangelio..

Y lo interesante es que los comerciantes de este tipo se exasperan tanto cuando se ven privados de su tráfico que no dudan en abrazar las mayores infamias, persiguiendo tenazmente a quienes reprimen sus nefastas acciones.

En la vida de los Apóstoles encontramos muchos de estos casos, *mutatis mutandis* similares al de la joven que tenía el espíritu de adivinación.

Todavía aprendemos una cosa del gesto de Paulo. Es el regalo que Jesús dio a sus Apóstoles para atar y desatar: "Todo lo que atéis en la tierra, quedará atado en el cielo; y todo lo que desatéis en la Tierra quedará desatado en el cielo."

Pablo, como Pedro, imponía manos a los conversos y el espíritu se conectaba con ellos, médiums, y hablaban varios idiomas y hacían maravillas; por otro lado, daban órdenes, como ocurrió con la voz de Pablo, de retirar el espíritu, y éste se desconectaba, a influencias de poderes superiores, perdiendo el médium la mediumnidad por un tiempo determinado o impidiéndose al individuo ejercer esta facultad.

No es necesario detenerse en la angustia que sufrieron los dos Apóstoles, masacrados por una turba inconsciente y perversa, como si su libertad estuviera coartada y encadenada por autoridades que tenían la obligación de hacer justicia. Pero no es de extrañar que todo esto sucediera en aquella época, cuando hoy, a mediados del siglo XX, vemos órdenes de aprehensión y demandas interpuestas contra médiums de curación y prescripción, por el simple hecho que curan, cuando por el contrario algunos son glorificados, otros divinizados por el hecho de herir y matar.

Nuestro mundo está todavía muy atrasado, es una región de forestales, cafres y hotentotes que solo piensan en el mal. Por mucho que Dios envía sus mensajeros a los hombres y les da progreso y bienestar material, comodidades y grandes noticias, ellos aplican todas estas innovaciones para el mal; materializar lo que deben espiritualizar.

Pero llega el momento en que Dios establecerá su reinado en este mundo y todos los dominadores de la conciencia y enemigos de la libertad serán desterrados de la Tierra, convertidos en el paraíso, donde el árbol de la vida ya no dejará de ofrecer todos sus frutos de vida eterna.

FENÓMENOS SORPRENDENTES EN LA PRISIÓN DE MACEDONIA – CONVERSIÓN DEL CARCELERO – ACTITUD DE LOS APÓSTOLES

"A medianoche, Pablo y Silas oraron y cantaron himnos a Dios, y los presos los escuchaban; y de repente hubo un gran terremoto, de modo que los cimientos de la cárcel se estremecieron; e inmediatamente se abrieron todas las puertas, y se soltaron las cadenas de todos. Habiendo despertado al carcelero, y al ver las puertas de la prisión abiertas, desenvainó su espada e iba a suicidarse, suponiendo que los prisioneros se habían escapado. Pero Pablo gritó a gran voz: No te hagas daño, porque todos estamos aquí. El carcelero, pidiendo luz, saltó a la cárcel y, temblando, se arrojó a los pies de Pablo y de Silas, y sacándolos, les preguntó: Señores, ¿qué debo hacer para ser salvo? Ellos respondieron: Cree en el Señor Jesús, y tú y tu casa serán salvos. Y le dijeron la palabra de Dios; y a todos los que estaban en su casa. A aquella misma hora de la noche, llevándolos consigo, les lavó las heridas; e inmediatamente fue bautizado él y todo su pueblo, y cuando los llevó a su casa, les dio de comer, y se alegró mucho con toda su casa, porque habían creído en Dios." – Capítulo 16: 25–34.

Los fenómenos de los terremotos, producidos por los espíritus, eran muy comunes.

En tiempos de Jesús, en el momento de su muerte, vemos la producción de estos fenómenos. Dice Mateo, en el capítulo 22: 50-53 que: "Cuando Jesús dio un fuerte grito, expiró. Y el velo del santuario se rasgó en dos, de arriba a abajo, la tierra tembló, las rocas se partieron, los sepulcros se abrieron, y muchos cuerpos de santos que ya habían muerto resucitaron; y saliendo de los sepulcros después de la resurrección de Jesús, entraron en la ciudad santa y se aparecieron a muchos."

En el Cenáculo de Jerusalén, el día de Pentecostés, no hubo ningún terremoto, pero sí un fenómeno físico, que quedó registrado en los Hechos: "Vino un ruido del cielo, como de un viento recio, que llenó toda la casa donde estaban. estaban sentados." (Capítulo 2: 2) En Hechos capítulo 4: 31, después de la oración de gracias por la liberación de Pedro, el texto dice: "Y cuando hubieron orado, el lugar donde estaban reunidos tembló; y todos fueron llenos del Espíritu Santo y hablaban diferentes idiomas."

Este fenómeno también se ha reproducido en algunas, aunque raras, reuniones espíritas.

Por ejemplo, en los relatos de "Jonatas Koons y su cámara espírita", este hecho se confirma, como el lector puede comprobar consultando la obra *"Remontando a los Orígenes"* de Ernesto Bozzano.

Aun desconocemos los grandes poderes del espíritu y por eso nos volvemos escépticos ante hechos de esta naturaleza, o los rechazamos hacia lo sobrenatural y el milagro. El hombre mediocre no quiere cansar su cerebro con cosas que le parecen sin valor.

Pero el hecho descrito en los Hechos es auténtico; ha sido reproducido muchas veces, y cuando un hecho es observado por personas desprevenidas más de una vez, es porque está en el orden natural de las cosas, que nuestra débil inteligencia no puede explicar.

Estos fenómenos son muy interesantes y casi siempre producen la conversión de los incrédulos, porque afectan los sentidos físicos y tocan su cerebro, aterrorizándolos y sensibilizando sus corazones.

La prueba la tenemos en los Hechos: el carcelero, que era materialista, se alegró de haber creído en Dios, e inmediatamente preguntó a Pablo qué tenía que hacer para ser salvo. Y no solo hizo lo que le recomendó el Apóstol, sino que también se esforzó, contando a su familia lo sucedido, para que ellos también creyeran lo sucedido. Y el carcelero, como su familia, entonces nuevas criaturas, hizo como el samaritano de la parábola: lavaron las heridas que los golpes causaron a los Apóstoles y les dieron de comer, esperando la mañana, cuando los lictores,[4] (como lo narran los siguientes versículos: 35 – 40) trajo la orden de liberación de los dos Apóstoles. El carcelero les contó lo sucedido; ordenaron su liberación inmediata. "Pero Pablo dijo a los lictores: ¿Nos azotaron públicamente sin ser condenados, aunque éramos romanos, y nos echaron en la cárcel, y ahora nos echan en secreto? Bueno, no será así, pero que vengan y se los lleven." Los lictores se lo comunicaron a los pretores, y estos temieron saber que eran romanos y, acercándose, trataron de conciliarlos; y sacándolos, les pidieron que salieran de la ciudad. Y ellos, saliendo de la cárcel, entraron en casa de Lidia y, viendo a los hermanos, los consolaron y se fueron."

El déspota es siempre un cobarde. Cuando no consigue nada mediante la fuerza bruta, se humilla, suplica, pide, temiendo las consecuencias de sus actos arbitrarios. Así fue como los pretores, excediendo los límites de su poder, golpearon y arrestaron a dos

---

[4] Lictores: oficiales que acompañaban a los magistrados romanos, llevando en sus manos un manojo de palos y un hacha para la ejecución de la justicia.

ciudadanos romanos, sin saberlo, pero temiendo el resultado de su salvajismo, cayeron a los pies de los Apóstoles rogándoles que se fueran, porque de lo contrario responderían por el crimen que cometieron.

Fue cuando Pablo y Silas, después de haber consolado a los hermanos, partieron hacia otras ciudades.

PABLO Y SILAS EN SALÓNICA

"Después de pasar por Anfilópolis y Apolonia, llegaron a Tesalónica, donde había una sinagoga judía. Pablo, según su costumbre, entró allí, y por tres sábados discutió con ellos tomando argumentos de las Escrituras, exponiendo y demostrando que era necesario que Cristo padeciera y resucitase de entre los muertos, y este Jesús, a quien proclamo para vosotros, dijo, es el Cristo. Y algunos de ellos se quedaron persuadidos y asociados con Pablo y Silas, así como con una gran multitud de griegos devotos y no pocas mujeres de calidad. Sin embargo, los judíos, movidos por la envidia, tomaron consigo algunos hombres malvados del vulgo y, reuniendo a la multitud, alborotaron la ciudad y la asaltaron. En la casa de Jason, los buscaban para entregárselos al pueblo. Sin embargo, como no los encontraron, llevaron a Jasón y a algunos hermanos ante las autoridades de la ciudad, clamando: También han venido aquí estos que trastornan al mundo, a quienes Jasón ha reunido; y todos van en contra de los decretos del César, diciendo que hay otro rey que es Judas. Al oír esto, la multitud y las autoridades de la ciudad se perturbaron y, cuando Jason y los demás pagaron la fianza, fueron puestos en libertad." – Capítulo 17: 1 – 9.

No hay Apóstol que cumpla su misión sin sufrir el bautismo de persecución que, en todos los tiempos, se opone a las luces que vienen a iluminar el camino de la verdad a los hombres.

Recibidos por muchos con gran satisfacción, los Apóstoles Pablo y Silas, en Tesalónica, experimentaron de lo que era capaz el espíritu del oscurantismo. Calumniadores, falsificadores adúlteros que siempre se oponen al bien y a la justicia, esta horda de perseguidores de la religión no se cansa de hacer infelices a los pueblos y de paralizar el progreso moral de las naciones. Los oscurantistas son capaces de los mayores sacrificios por el mal, como se puede comprobar en nuestros días, pero cuando se trata de un beneficio que beneficia no solo a una persona, sino también a la comunidad, no aparece ninguna acción, y son completamente ajenos a los gestos nobles, a las elevadas pasiones marcadas por la caridad y la fe, que distinguen a las almas de élite.

Sumisos a los poderosos que explotan su maldad, serviles a los patrones, siempre llenos de prejuicios, de respeto humano, en vano llevan al Señor en los labios, cuando, en verdad, no lo tienen en el corazón.

Estos individuos no se avergüenzan de inclinarse ante ídolos mudos, de asistir y participar en fiestas paganas, aunque el buey Apis regresara a los templos, para ser llevado en procesiones; pero son tímidos ante la predicación apostólica, se rebelan contra los preceptos de amor a Dios y de amor a los demás, que Cristo nos ha legado y ejemplificado. Son hombres porque parecen hombres, pero en sus corazones anida la bestia con todos los refinamientos del mal y de la astucia.

De lo contrario, miren bien nuestros lectores, como aquellos judíos de Tesalónica, tergiversando las palabras de los dos Apóstoles y acusándolos ante las autoridades de errores que no cometieron, y de las artimañas que idearon para intrigarlos ante el pueblo sin razonamientos y siempre propenso al mal.

¿Y qué hicieron las autoridades en aras de la justicia y el mantenimiento del orden? Hicieron lo mismo que hacían las autoridades de antaño, ignorantes, arbitrarias y malvadas: al no encontrar más a los Apóstoles, pues ellos, cansados de sufrir injusticias, se escondieron, arrestaron a quien les daba alojamiento y quien naturalmente, por su progreso espiritual, acogieron con alegría la Palabra de Jesús que predicaban.

Generalmente, las autoridades, y nuestro mundo, están formados por individuos que, en lugar de velar por la paz y el bienestar de las personas, promueven el ruido y establecen discordia en las poblaciones. Dicen representar la justicia y la Ley, pero son, en general, sus más terribles transgresores.

Y si no fuera así, ¿habrían sufrido los Apóstoles humillaciones como la sufrieron? ¿Qué males cometieron, qué armas portaron, qué atacaron? ¿Solo porque tenían una convicción, un ideal que inflamaba sus corazones y querían hacer partícipes de él a sus hermanos, a sus semejantes? Entonces, ¿no pueden pensar? ¿Tenemos que pensar en las cabezas de otras personas? ¿Somos esclavos de los sacerdotes, esclavos de los médicos, esclavos de los políticos, esclavos de los gobiernos? ¡Cuando la propia Ley, tanto antigua como moderna, nos permite elegir la religión, la elección de la sabiduría y la elección del principio que abrazaremos!

¿Por qué entonces existían las sinagogas, donde se daba la palabra a todo aquel que libremente quisiera comentar las Escrituras?

Es que quienes guardan la Ley no cumplen con su deber, exceden los límites de su acción, haciendo que prevalezca el desprecio, la injusticia y el fraude.

Finalmente, en Tesalónica tuvo su comienzo la Palabra de Jesús, que está basada en el Apocalipsis y a pesar de las persecuciones sufridas por los dos intrépidos Apóstoles, un buen número de nuevos prosélitos se asociaron a Pablo y Silas, así como una multitud de devotos griegos.

Y Jason, pagando la fianza, se liberó.

LOS ÉXITOS DE BEREA

"Temprano en la tarde los hermanos enviaron a Pablo y a Silas a Berea, y cuando llegaron allí fueron a la sinagoga de los judíos. Estos eran más nobles que los de Tesalónica, porque recibían la palabra con toda diligencia, escudriñando diariamente las Escrituras si estas cosas eran así. Muchos de ellos creyeron, así como no pocas mujeres y hombres griegos de buena reputación." – Capítulo 17: 10 – 12.

De Tesalónica, Pablo y Silas fueron a Berea, donde los discípulos que estaban en Tesalónica les aconsejaron que los siguieran.

Nada más llegar a Berea, los dos ilustres misioneros, sin temer lo que pudiera suceder, entraron en la Sinagoga de los judíos, donde predicaron la Doctrina de Jesús, y su supremacía como Cristo enviado de Dios, para salvar al mundo. Al reunir las Escrituras, trajeron convicción a quienes estaban preparados para recibir la palabra, la buena nueva de la redención. Y muchos prosélitos lo consiguieron, pues los de Berea eran mucho más avanzados que los de Tesalónica, y recibieron la palabra con corazón abierto, tanto hombres como mujeres, judíos y griegos. Y examinaron las Escrituras, comprobando la concordancia entre las profecías, las enseñanzas morales y las palabras de los Apóstoles.

Pablo y Silas pasaron unos días en Berea, dando las explicaciones que les pedían sobre puntos de las Escrituras.

Sin embargo, cuando llegaron judíos de Tesalónica, encargados por los fariseos de incitar al pueblo contra los Apóstoles, los cristianos de Berea les advirtieron y les aconsejaron que se fueran, pero Silas y Timoteo se quedaron allí; Pablo fue a Atenas y le ordenó que fuera a verlo.

Pero a pesar de las persecuciones y del poco tiempo que se les dio para detenerse en cada ciudad, los Apóstoles, y especialmente Pablo, hicieron un gran número de creyentes, al mismo tiempo que formaban asociaciones, uniendo a los creyentes mediante una unión y espíritu indispensable de auténtica solidaridad, que les hizo respetar a sus oponentes, Pablo, además de dirigirse personalmente a las iglesias (reuniones de fieles), envió cartas a unos y a otros instándolos a continuar sus estudios y a guardar con buena conducta las instrucciones recibidas, para que contaran con la ayuda de Jesús y la gracia de los Espíritus Santos que se comprometieron a hacer prevalecer la palabra del Evangelio.

PABLO EN ATENAS – EL DISCURSO DEL AREÓPAGO

La llegada de Pablo a Atenas fue un verdadero éxito. Observando la ilustre ciudad, con sus majestuosos monumentos, como el Areópago, el Pritaneo, el Odeón, la Academia, el Liceo y muchos otros de los que solo queda el recuerdo, las descripciones de los escritores antiguos: el Partenón, los templos de Júpiter Olímpico, Teseo, la Victoria, la puerta de Adriano, el teatro de Baco y un sinfín de ellos, cuyas ruinas admiran los viajeros, el Apóstol se rebeló dentro de sí mismo, al ver aquel centro de civilización lleno de ídolos que daban una idea de ciudad fantástica.

Su espíritu de repulsión hacia esta aparente religión en la que predominaba una severa ortodoxia, llegó a su punto máximo, y él en las calles, en las plazas, discutía con los judíos y los que temían a Dios, haciéndoles ver la forma errónea de afrontar la religión, materializándolo en sus fundamentos principales y fanatizando a los creyentes hasta el punto de despreciar al Dios verdadero para entregarse al culto de las estatuas.

Las palabras del Apóstol, así como las palabras de Sócrates se escuchaban antiguamente de ciudad en ciudad y estaban a la orden del día en Atenas, eran un tema popular en todos los círculos, incluso porque, en aquella época, los atenienses y los extranjeros que vivían allí no se ocupaban de otra cosa que de contar o escuchar algo nuevo. La fama de Pablo, en pocos días, llegó a ser tal que los filósofos epicúreos [5] y estoicos [6] contendieron con él, sin poder destruir la doctrina de la Resurrección de los Muertos y la Palabra de Jesucristo, que proclamaba a todos.

Algunos acogieron con buena voluntad sus palabras, otros, menos inteligentes, dijeron: "¿Qué quiere esta charlatanería?"

Muchos le hicieron preguntas, pidiéndole que les explicara qué nueva doctrina predicaba. Ansiosamente querían realmente conocer los fundamentos de la excelente filosofía, que fluyó como un chorro de agua de los labios inflamados del nuevo Apóstol, hasta que lograron llevarla al Areópago, el famoso monumento de Atenas, que era sede de reuniones de magistrados, sabios y filósofos.

Fue allí donde Pablo, el Apóstol de la luz, pronunció su gran discurso, una pieza oratoria de verdadera inspiración de manera hermosa, con un trasfondo admirable, que resalta la más pura espiritualidad.

El Areópago estaba lleno de asistentes, tanto filósofos como creyentes religiosos y judíos, cuando el Emisario de Jesús, poniéndose de pie, dijo:

"Atenienses, en todo os veo como muy temerosos de los dioses. Porque pasando y observando los objetos de vuestro culto, encontré un altar, en el cual estaba escrito: *al dios desconocido*. Por tanto, a quien honras, aunque no lo sepas, te lo declaro.

El Dios que hizo el mundo y todo lo que hay en él, siendo Señor del cielo y de la tierra, no habita en templos hechos de mano; ni es servido por manos humanas, como si necesitara algo; por tanto, es solo Él quien da vida, aliento y todas las cosas a todos.

---

[5] Epicureísmo: Doctrina sensualista, fundada por Epicuro.

[6] Estoicismo – Doctrina de Zenón: es un sistema filosófico que hace que la esencia de todo consista en un fuego sutil que es, al mismo tiempo, fuerza y materia. Es una doctrina racionalista.

Y de una sola sangre hizo toda la generación de los hombres, para que habitaran sobre toda la faz de la tierra, determinando los tiempos preestablecidos y los límites de su habitación; para que buscaran al Señor, si tal vez pudieran sentirlo y encontrarlo; aunque no está lejos de cada uno de nosotros, porque en Él vivimos y nos movemos y tenemos nuestro ser, como también dijeron algunos de vuestros poetas: porque también somos su generación.

Siendo, pues, generación de Dios, no nos debe importar que la Divinidad sea semejante al oro, o a la plata, o a la piedra tallada por el artificio y la imaginación de los hombres.

De modo que Dios, disimulando los tiempos de la ignorancia, anuncia ahora a todos los hombres, en todas partes, que se arrepientan; porque ha determinado un día en el cual juzgará al mundo con justicia por el hombre que ha designado; dando certeza a todos al resucitarlo de entre los muertos."

Pablo no puede continuar su oración. En Atenas todavía se podía aceptar todo, excepto la resurrección de los muertos. Aquí es donde reside el obstáculo para los religiosos. La inmortalidad del alma, la comunicación y aparición de los espíritus, es difícil de ser aceptada por un pueblo materialista que cree que todo termina con la muerte. La gran lucha que sostuvo Pablo fue precisamente cuando proclamó estos principios básicos de la vida. Las persecuciones que sufrieron el gran Apóstol fueron precisamente por sostener estos principios. Es el mismo Pablo quien lo declara ante los sacerdotes y ante todo el Sanedrín, donde estaban presentes fariseos y saduceos: "por la esperanza de otra vida y de la resurrección de los muertos son los que quieren condenarme." (Hechos 23: 6).

No solo de palabra, sino también en sus Epístolas, el Apóstol hizo una cuestión cerrada sobre la inmortalidad y. comunicación de los espíritus. En I Corintios, cap. 15 es muy explícito, ampliando consideraciones que el Espiritismo actualmente sustenta y explica. Dice:

"Os entregué ante todo lo que también recibí: que Cristo murió por nuestros pecados conforme a las Escrituras, y que se apareció a Cefás y luego a los doce; luego se apareció a más de quinientos hermanos a la vez; luego se apareció a Santiago, luego a todos los Apóstoles; y por último se me apareció también como a un abortivo. Porque yo soy el más pequeño de los Apóstoles, que no soy digno de ser llamado Apóstol, porque perseguí a la iglesia de Dios; pero por la gracia de Dios soy lo que soy."

Más tarde dice:

"Y si se predica que Cristo resucitó de entre los muertos, ¿por qué algunos entre vosotros dicen que no hay resurrección de los muertos? Si no hay resurrección de los muertos, ni Cristo resucita, entonces nuestra predicación es vana y también vuestra fe es vana, y somos falsos testigos de Dios. Si los muertos no resucitan, ni Cristo resucitó, vana es vuestra fe. Si tan solo en esta vida creemos en Cristo, somos los más miserables de todos los hombres.

Pero prevalece que Cristo resucitó de entre los muertos, primicias de los que durmieron.

¿Qué, pues, harán los que bautizan por los muertos, si en verdad los muertos no resucitan?"

Hablando de los cuerpos de los "muertos", dice:

"Hay un cuerpo animal y un cuerpo espiritual, y con éste resucitarán."

Esta Epístola es muy esclarecedora y sustancial. Se lo recomendamos a los estudiosos.

En I Tesalonicenses, capítulo 4:13, dice:

"No queremos que ignoréis a los que duermen, para que no os entristezcáis como los demás que no tienen esperanza. Porque si creemos que Jesús murió y resucitó, así también Dios traerá con Jesús a los que durmieron en él."

Ciertamente no será necesario entrar en más consideraciones para demostrar que la base de la fe es la inmortalidad, la resurrección, la vida eterna, como predicaron los Apóstoles.

Finalmente, resumiendo el discurso del Areópago, vemos en él la condena de la idolatría, el culto a las imágenes, adoptado hoy por la Iglesia de Roma, y la proclamación del Dios vivo, único, omnipotente, revelación dada a Abraham, confirmada. en el Decálogo a Moisés, refrendado por Jesús, y proclamado a los cuatro vientos, hoy, por el Espiritismo.

Y solo obedeciendo estos preceptos puede haber unidad de espíritu, porque, como dice el mismo Apóstol:

"Hay un Señor, una fe, un bautismo; un solo Dios y Padre de todos, que está sobre todos, por todos y en todos." (Efesios, Capítulo 4:5–6).

Concluyendo el capítulo vemos que el discurso del Apóstol no dejó de surtir efecto, provocando varias conversiones, entre ellas Dionicio, el areopagista, y su familia.

PABLO EN CORINTO

"Después de esto, Pablo salió de Atenas y fue a Corinto. Encontrando a un judío llamado Aquila, natural del Ponto, recién llegado de Italia, y a Priscila su esposa (porque Claudio había decretado que todos los judíos salieran de Roma), fue a ellos y, siendo del mismo oficio, vivió con ellos. y trabajaron allí; porque su oficio era hacer tiendas de campaña. Todos los sábados discutía en la sinagoga y persuadía a judíos y griegos." – Capítulo 18: 4.

Como ya hemos visto, todos los doctores fariseos estaban obligados a tener un trabajo, porque si era necesario para su subsistencia no les faltarían recursos.

El apóstol Pablo, desde el inicio de su carrera apostólica, se dedicó a su oficio, con el fin de permanecer independiente; y lo que sobraba lo compartía con sus compañeros más necesitados y los pobres.

De ahí surgió un gran mérito y una gran autoridad, como dijo: "Nunca fui una carga para ninguno de vosotros, y para mi subsistencia y la mía, estas manos me sirvieron."

La vida misionera es espinosa, y quienes la practican deben protegerse de las emboscadas de los intereses terrenales que han perjudicado a muchos.

De hecho, el trabajo material no es incompatible con el trabajo espiritual, como juzgan los sacerdotes de las religiones. Hay tiempo para todo, y así como hay tiempo para el trabajo espiritual, también lo hay para el trabajo material. El primero mantiene el espíritu, pero el segundo es esencial para mantener el cuerpo. El Apóstol estaba tan interesado en que esta orientación se mantuviera entre los cristianos, que llegó a decir: "Quien no trabaja, no come."

Comer a costa de otro, vestir a costa de otro, vivir a costa de otro, con el pretexto de cumplir una misión divina, no está bien.

La independencia del hombre se revela también en sus acciones en el trabajo. El trabajo es la fuente de todo bienestar y progreso. Predicar el consuelo, la curación, pero darlo todo gratis y trabajar para mantener la vida, es una gran guía que todos deberían adoptar y que Pablo nos enseñó.

El Apóstol estaba muy contento al hacer sus tiendas de campaña; utilizó buenos materiales y realizó un trabajo meticuloso, por lo que sus productos fueron fácilmente preferidos. Y además de sus tareas, proclamaba cada día la Palabra de Jesús, intercambiando ideas con quienes lo buscaban.

Los sábados, el Apóstol no faltaba a las discusiones en la sinagoga y, participando en la exposición de las Escrituras y sus interpretaciones, persuadía a judíos y griegos.

"Entonces, cuando Silas y Timoteo bajaron de Macedonia, Pablo estaba activamente ocupado con la Palabra, testificando a los judíos que Jesús era el Cristo." (v.5.)

Una de las mayores campañas, que continúa hasta el día de hoy, es precisamente la de los judíos que niegan que Jesús es el Cristo. Todavía están esperando a un Cristo (Enviado) que venga rodeado de todos los poderes materiales, como César, Alejandro o Napoleón y que establezca un reino para ellos, aquí en la Tierra. No podían entender que aquel que dijo: "mi reino no es de este mundo", es el Cristo. Entonces, Pablo, ¿cómo trataron los otros Apóstoles?

En gran parte para disuadir a los judíos de sus antiguas creencias, porque, de hecho, Jesús era rey, pero no rey de una nación o un pueblo; y su reinado fue puramente espiritual.

Pero ellos blasfemaron y no aceptaron la palabra de los Apóstoles. Debido a su repulsión, Pablo, sacudiéndose la ropa, les dijo:

"La sangre que habéis derramado puede caer sobre vuestras cabezas; Estoy limpio y de ahora en adelante me iré a los gentiles." Refugiado en la casa de un tal Ticio Justo, que estaba contigua a la sinagoga, evangelizó a muchos que se convirtieron, entre ellos Crispo, jefe de la sinagoga con toda su familia, así como a muchos corintios que vieron en Cristo a un hombre justo."

La obra de Pablo estaba dando mucho fruto cuando Jesús, el Señor, se le apareció nuevamente, para animarlo aun más y decirle: "No temas, habla más y no calles; porque yo estoy contigo y nadie pondrá mano sobre ti para hacerte daño, porque tengo mucho pueblo en esta ciudad." (vv. 8–10).

Pablo cumplió fielmente las órdenes del Divino Maestro, ayudando a las "ovejas perdidas de Israel a entrar nuevamente en el redil, porque para esto había venido el Señor al mundo, y permaneció en Corinto un año y seis meses, trabajando sin cesar y enseñando la Palabra de Dios." (v. 11).

De sus epístolas a los Corintios vemos que había numerosos creyentes en esa ciudad y sus alrededores.

PAULO EN EL TRIBUNAL DEL PROCÓNCUL DE ACAYA

"Cuando Galión era procónsul de Acaya, los judíos se levantaron unánimes contra Pablo y, llevándolo ante el tribunal, dijeron: Él persuade a los hombres a adoptar a Dios contrariamente a la Ley. Cuando Pablo estaba a punto de hablar, Galión dijo a los judíos: Si fuera, de hecho, alguna injusticia o un crimen perverso, oh judíos, sería correcto atenderos; pero si son cuestiones de palabras, de nombres de vuestra Ley, ocúpense de eso; no quiero ser juez de estas cosas. Y los hizo abandonar la sala del tribunal. Todos tomaron a Sóstenes, jefe de la sinagoga, y lo golpearon delante del tribunal, y a Galión no le importó nada de esas cosas."
– Capítulo 18: 12 – 17.

Había llegado el momento que Pablo dejara esa ciudad y siguiera adelante y la advertencia de persecución aceleró su partida.

Si Cristo Jesús, Maestro de los Apóstoles y nuestro, no hubiera dicho: "si os persiguen en una ciudad, pasad a otra; porque de cierto os digo que no terminaréis de recorrer las ciudades de Israel antes que venga el Hijo del Hombre." (Mateo, capítulo 10: 23).

Afortunadamente; sin embargo, no pudieron echar mano de Pablo, porque Jesús le había asegurado que no le pasaría nada, y aunque en la Corte, el procónsul, un hombre inteligente que no apreciaba a los judíos turbulentos, les ordenó que se fueran, como no quería ser juez en cuestión de palabras, ya que Pablo no había cometido ningún delito.

El desafortunado Sóstenes, jefe de la sinagoga, tuvo que soportar muchos golpes por participar de las ideas de Pablo.

¡Cuánta lucha, cuánto sacrificio para difundir una nueva idea que haga avanzar a la Humanidad! Los Apóstoles realmente necesitaban ser héroes, más que héroes, estar en continua relación con los espíritus jefes de la gran revolución y ser protegidos por ellos, de lo contrario no habrían cumplido su misión.

BREVE EXCURSIÓN DE PAULO

"Despidiéndose de sus hermanos, Pablo navegó con Priscila y Aquila hacia Siria, después que le afeitaran la cabeza en Cencrea; porque tenía voto. Y cuando llegaron a Éfeso, los dejó allí; pero cuando entró en la sinagoga, discutió con los judíos. Cuando le rogaron que se quedara más tiempo, él no accedió, sino que se despidió diciendo: Si Dios lo permite, volveré a vosotros otra vez; y zarpó de Éfeso y, llegando a Cesárea, después de subir a Jerusalén y saludar a la iglesia, descendió a Antioquía. Después de estar allí algún tiempo, partió, atravesando sucesivamente la región de Galacia y Frigia, fortaleciendo a todos los discípulos." – Capítulo 18: 18 – 23.

Al salir de Corinto, Pablo decidió hacer una breve excursión, en la que limitó mucho su acción, pues, naturalmente, quería observar la situación de los discípulos en las diferentes regiones por donde viajaba. Es muy posible que hiciera un viaje de placer para recuperar fuerzas, al mismo tiempo que examinaba los progresos que iba haciendo el cristianismo.

Estas salidas son muy útiles para lograr un nuevo vigor. El cambio de aires, de opiniones, el intercambio de ideas que se produce durante el viaje, contribuyen a un nuevo avance en el campo de la publicidad. Es al mismo tiempo una conquista de nuevas energías que vienen a reponer las que se perdieron, para recibir más influjos del espíritu para la tarea emprendida.

El trabajo espiritual de Pablo, en esta excursión, se limitó a animar a sus discípulos y fortalecer su fe para desempeñar correctamente sus deberes.

APOLO LLEGA A ÉFESO

El capítulo 18 de Hechos concluye con la noticia de la llegada a Éfeso de un judío natural de Alejandría, llamado Apolo.

Apolo era un hombre elocuente, muy versado en las Escrituras. Era conocedor y ferviente de espíritu, hablaba y enseñaba cosas acerca de Jesús con precisión, pero solo conocía el bautismo de Juan.

Apolo era un hombre audaz; poco después de su llegada a Éfeso, habló en la sinagoga exponiendo los principios fundamentales del cristianismo.

Pero Aquila y Priscila, que habían aprendido mucho de Pablo, al ver que éste no conocía el bautismo del Espíritu Santo, lo llevaron con ellos para instruirlo al respecto y le explicaron con precisión el camino de Dios.

Al poco tiempo quiso ir a Acaya, los hermanos lo animaron mucho, ya que era un buen elemento de propaganda, y le entregaron cartas a los discípulos para darle la bienvenida.

Al llegar a Acaya, Apolo ayudó mucho a los hermanos que, por gracia, habían creído, ya que con gran poder refutó públicamente a los judíos, mostrando por medio de las Escrituras que Jesús era el Cristo.

Apolo, por lo que leemos en las Epístolas de Pablo, fue un gran y ferviente propagandista, que se ganó a un gran número de prosélitos. En I Corintios, cap. 3, vemos la influencia de Apolo, quien incluso reunió seguidores para sí mismo.

Pablo en esta carta reprocha duramente a los corintios, haciéndoles ver que la religión de Dios no está dividida. Así dice el doctor de los gentiles:

"Si hay celos y contiendas entre vosotros, ¿no sois carnales y andáis según los hombres? Porque cuando uno dice: Yo soy de Pablo, y otro: yo de Apolo, ¿no es que vosotros sois de los hombres? ¿Quién es Apolo y quién es Pablo? Siervos por quienes creísteis, y esto como el Señor le dio a cada uno. Yo planté, Apolo regó; pero Dios dio el aumento; para que ni lo que plante sea nada ni el que riega, sino Dios que hace crecer. Somos colaboradores de Dios y ustedes son el campo de Dios, el edificio de Dios."

En esta Epístola, el Apóstol da a entender que Apolo no tenía una guía firme, como se podía predecir tan pronto como comenzó a predicar, sin darse cuenta del bautismo del Espíritu Santo.

En la citada Epístola, versículos 10 al 15, el doctor de las naciones añade: "Conforme a la gracia de Dios que me ha sido dada, echo la fundación tan sabia constructor, y otro construye sobre él. Pero vean cada uno cómo construye sobre ello. Porque nadie puede poner otro fundamento que el que ya está puesto, que es Jesucristo. Pero si alguno edifica sobre fundamento un edificio de oro, de plata, de piedras preciosas, de madera, de hierro, de paja, la obra de cada uno se hará manifiesta: porque el día la demostrará, porque en el fuego se revela; y cualquiera que sea la obra de cada uno, el fuego mismo la pondrá a prueba. Si la obra del que la construyó permaneciera, recibirá recompensa; si la obra de alguno es quemada, sufrirá daño; pero tal persona será salva, como por fuego."

Las únicas novedades sobre soporte son las que compartimos en estas páginas. Después de su estancia en Éfeso, Apolo fue a Corinto, donde naturalmente hizo algunas predicaciones con las que Pablo no estaba de acuerdo y originó la referencia en la Epístola que recordamos más arriba.

PABLO EN ÉFESO – RECEPCIÓN DEL ESPÍRITU

Ya lo hemos dicho y no nos cansamos de repetirlo, para que quede claro: "El Espíritu Santo no fue dado solo a los Apóstoles en el Cenáculo, el día de Pentecostés." En los primeros tiempos del cristianismo, innumerables creyentes recibían los espíritus y transmitían sus mensajes.

Es el caso de la Iglesia de Roma y de la Iglesia Protestante, cuando hacemos referencia a la "Venida del Consolador – el Espíritu de la Verdad", quien conforma la innumerable falange de espíritus puros y purificados, que asumieron el gobierno espiritual del mundo y transmitirnos sus enseñanzas, es frecuente que estos hombres digan que el Espíritu Santo descendió sobre los Apóstoles recién el día de Pentecostés.

De las narraciones realizadas hasta ahora, vemos que hubo innumerables creyentes que recibieron los espíritus. Nunca han cesado ni cesarán su acción en todo el mundo, porque la promesa de Joel, según Pedro, es de todos: "hijos e hijas, jóvenes, ancianos, sirvientes y sirvientas, todos los que aun están lejos (los que no nacieron en aquel tiempo) y a todos los que Dios llama." (Hechos, Capítulo 2: 17–18–39).

Entre los Apóstoles, algunos de ellos, como Pedro y Paulo, tuvieron el poder de desarrollar la mediumnidad en los prosélitos, para que pudieran recibir el Espíritu.

En el cap. 19: 1–7 de Hechos, vemos la confirmación de esta proposición: "Mientras Apolo estaba en Corinto, Pablo, habiendo pasado por los lugares más de altura, fue a Éfeso, y encontrando allí algunos discípulos, les preguntó: ¿Recibisteis el Espíritu Santo cuando creísteis? Ellos le respondieron: No, ni siquiera hemos oído que el Espíritu Santo sea dado o que haya Espíritu Santo. ¿Qué bautismo entonces recibisteis? preguntó. Ellos respondieron: El bautismo de Juan. Pero Pablo dijo: Juan bautizaba con el bautismo de arrepentimiento, diciendo al pueblo que creyera en el que había de venir después de él; es decir, en Jesús. Cuando oyeron esto, fueron bautizados en el nombre del Señor Jesús. Cuando Pablo le impuso las manos, vino sobre ellos el Espíritu Santo, y hablaban en diferentes idiomas y profetizaban. Eran en total unos doce hombres."

Está claro que la Doctrina que predicaron y vivieron los Apóstoles era muy diferente de aquellas religiones que se han impuesto con la falsedad y la violencia, engañando a los hombres y extorsionando su derecho a pensar, a estudiar, a comprender.

La Doctrina de Jesús, que está bajo la dirección de los espíritus superiores, es absolutamente opuesta a estos exóticos bautismos dados a los recién nacidos para subyugar su razón e impedirles recibir en el futuro la verdadera creencia.

El hombre de buena voluntad, que teme a Dios y quiere encontrar la verdad, no debe seguir dejándose engañar por los falsificadores que han sustituido la verdadera fe por una fe incomprensible, extraña, que no da razón de nada y se impone por la fuerza...

Los tiempos han llegado y la abrumadora crisis que atravesamos es un signo característico que estas religiones no pueden permanecer. La alianza del sacerdocio con la política, su intrusión en el estado de guerra, cuando el precepto del decálogo es – "no matarás" – su apego a las cosas del mundo, su hambre sagrada de dinero (*aura sacra famas*), son los pródromos significativos de su próxima desaparición, el claro pronóstico de su próxima muerte.

¿Dónde se ha visto el Espíritu Santo en las iglesias, tengan el nombre que tengan? ¿Dónde vimos a sus sacerdotes, ya no decimos que imponían las manos como lo hizo Pablo e hacían recibir el espíritu a sus creyentes, sino que ellos mismos recibían el espíritu, hablaban en diferentes idiomas, profetizaban, levantaban al paralítico y enderezaban al cojo?

¿Dónde viste a sacerdotes con oficios, por ejemplo, fabricando tiendas de campaña, como Pablo?

Hemos visto a muchos dueños de fincas, grandes empresas y hasta capitalistas, con dinero extorsionado a los ignorantes, productos de bautismos, bodas, misas, fiestas y otros negocios "religiosos" que llenan los templos de cambistas, pero ninguno que practique una oficio o arte que les da el pan a costa del sudor de su frente.

Perdonamos a quienes nos encontramos afiliados a estas iglesias, pero nuestra intención es iluminar a los hombres que desean acercarse a Dios y alistarse bajo los auspicios de Jesús para alcanzar la vida eterna.

Estamos muy interesados en demostrar que el sacerdocio no representa en absoluto el Apostolado, e incluso constituye su antítesis.

La obra del Apóstol es una obra santa, fecunda, llena de sabiduría y virtudes, mientras que la del sacerdote es una obra destructiva, de ignorancia, de vicios, de anti moralidad que hace infelices a los pueblos y destruye naciones.

PABLO EN LA ESCUELA DE TIRANO – LOS PRODIGOS DE LA RELIGIÓN

"Pablo, al entrar en la sinagoga, habló con valentía durante tres meses, discutiendo con sus oyentes y persuadiéndolos acerca del reino de Dios. Pero como algunos se endurecieron y no creyeron, hablando mal del Camino delante de la multitud, él se separó de ellos y separó a los discípulos, discutiendo diariamente en la escuela de Tirano. Esto continuó durante dos años, de modo que todos los que vivían en Asia, tanto judíos como griegos, oyeron la palabra del Señor. Y Dios hizo milagros extraordinarios a través de

Pablo, de modo que se llevaban de su cuerpo pañuelos y delantales a los enfermos, y las enfermedades los dejaban, y los espíritus malignos salían de ellos." – Capítulo 19: 8 – 12.

La religión hizo maravillas a través de los Apóstoles. Pablo, sin duda, fue el máximo exponente de la religión para el naciente cristianismo.

La religión ni siquiera es una simple filosofía, sino una gran ciencia sustentada en hechos. Dios es sabiduría infinita y poder ilimitado; su Ley está estrictamente ligada a esa sabiduría y sumisa a ese poder.

Los intermediarios entre la Tierra y el cielo no son quienes reclaman tales títulos, sino quienes dan testimonio del cielo, de la grandeza y de la sabiduría divina.

La estancia de Pablo en Éfeso fue un éxito inesperado.

Lleno de celo por la causa que había abrazado y viendo "constructores" que entraban en su campo y construían o edificaban con materiales de tercer orden, el Apóstol decidió regresar a Éfeso y levantar verdaderos edificios sobre los cimientos, de los cuales había sido sabio constructor.

La religión vulgar, que está desapareciendo, no pudo permanecer sobre bases verdaderas, reemplazando los edificios que deben albergar a miles de almas. Y Paulo no lo dudó, se puso manos a la obra. Como sus palabras no fueron aceptadas, durante tres meses consecutivos, por los incrédulos y los endurecidos, no volvió más a la sinagoga y pasó hablando en el gran salón del Colegio de Tirano, donde con toda la libertad y fuerza del espíritu, durante dos años consecutivos, proclamó la noticia de la salvación.

Verdaderos peregrinajes, de todos los que habitaron Asia, tanto judíos como griegos, tuvieron la dicha de recibir la luz.

Y la Luz iluminó en todos los sentidos; focos de todas las tensiones brillaban a través de esa lámpara sagrada a la que acompañaba el espíritu del Nazareno y que llamamos Doctor de los Gentiles.

De hecho, el antiguo Saulo, poderoso solo para el mal, se convirtió en el médico mensajero de la salud que fortalece el cuerpo y de la salud que vivifica el alma. Su poder llegó a ser tan grande, sus virtudes fueron tan tremendas que hasta sus ropas, sus pañuelos, sus delantales, después de estar en contacto con su cuerpo inmaculado, curaban a los enfermos, expulsaban enfermedades, ¡expulsaban espíritus malignos!

Lo que nosotros, seres dotados de alma racional, no podemos hacer; en qué los médicos, que asistían a academias, no tenían poder; cosas inanimadas como la tela, la tela, que perteneció al gran Apóstol, ¡estos "trapos" obraron maravillas ante los espectadores que presenciaron tan grandes cosas!

Es así mismo. Dios escoge lo débil para confundir a lo fuerte; y los humildes para confundir a los engrandecidos por las vanidades humanas.

Pablo es el gran capítulo de la Historia del cristianismo; no hay hombre de buena voluntad que no lo admire. Gran orador, divinamente inspirado, incluso sus Epístolas nos exaltan y elevan a las regiones celestiales. Alguien, refiriéndose a los sermones del padre Antônio Vieira, dijo: "Orador, Paulo y Vieira"; parodiando, después de escuchar los estallidos de sencilla elocuencia imbuida de inefable dulzura del humilde Hijo de Dios, y los hermosos discursos del Apóstol de los Gentiles, afirmamos, sinceramente convencidos, que de todos los oradores evangélicos que han pisado esta tierra ingrata, dos se elevan a alturas inconmensurables: Jesús, el Cristo y Pablo, el Apóstol.

Que nos tengan en su gracia.

LOS EXORCISTAS JUDÍOS – LOS HIJOS DE SCEVA

"Algunos exorcistas judíos itinerantes intentaron invocar el nombre del Señor Jesús sobre los poseídos por espíritus malignos, diciendo: Os conjuro por Jesús, a quien Pablo predica. Y los que hicieron esto fueron siete hijos de un judío llamado Sceva, uno de los principales sacerdotes. Pero el espíritu maligno les respondió: Yo conozco a Jesús y sé quién es Pablo; pero ¿quién eres tú? El hombre en quien estaba el espíritu maligno, saltando sobre ellos, se apoderó de dos y prevaleció contra ellos, de modo que desnudos y heridos huyeron de aquella casa. Y esto fue notorio a todos los judíos y griegos que habitaban en Éfeso, y vino temor sobre todos ellos, y el nombre del Señor Jesús fue magnificado; y muchos de los que habían creído confesaban y declaraban sus acciones. También muchos que habían practicado artes mágicas recogieron sus libros y los quemaron en presencia de todos; y calculando su valor, hallaron que ascendía a cincuenta mil dracmas de plata. Así la palabra del Señor creció y prevaleció en poder." – Capítulo 19: 13 – 20.

Los conjuros contra los malos espíritus vienen desde tiempos inmemoriales.

Se utilizaron varios medios para lograr el fin deseado. A veces aplicaban "procesos mágicos", como solo ocurre hoy en día, a veces dictaban oraciones más o menos extrañas e ininteligibles al obsesionado.

Incluso hoy en día, la iglesia romana utiliza el crucifijo, los rosarios, el agua bendita y la oración para expulsar a los demonios - espíritus malignos. En el ritual hay un capítulo especial sobre los energúmenos o poseídos, que instruye al sacerdote al respecto.

Ya en tiempos de Jesús, según Lucas, hubo muchos individuos que se dedicaron a esta tarea, aplicando medios que les parecían eficaces y experimentando nuevas fórmulas que consideraban útiles. En el cap. 9: 49 – 50, leemos que Juan dijo: "Maestro, vimos a un hombre que echaba fuera demonios en tu nombre y se lo prohibimos, porque no te sigue con nosotros", a lo que Jesús respondió: "No se lo prohíbas, porque quien no esté en tu contra, es por ti."

Cuando se corrió la voz por toda Judea que bajo las órdenes de Jesús se expulsaban los espíritus malignos, varios exorcistas comenzaron a utilizar el nombre del Señor, logrando incluso el éxito.

Lo mismo sucedió cuando Pablo predicó. Los hijos de Sceva, que eran exorcistas itinerantes, naturalmente vivieron de esto, al ver las maravillas realizadas por el doctor de los gentiles, quien en todos sus discursos y actos nunca olvidó el nombre de Jesús, también decidieron aplicar un nuevo proceso de curación, invocando el nombre de Jesús sobre aquellos que estaban poseídos por espíritus.

Pero como no basta tener a Jesús en los labios, para que el resultado en este como en otros casos sea satisfactorio, es necesario también tenerlo en el corazón, a los jóvenes de Sceva les fue mal con la experiencia. El espíritu maligno, aunque reconoció en Jesús y Pablo autoridad para lo que fuera, no reconoció en ellos el poder de usar estos nombres en el desempeño de su tarea como exorcistas. Y el resultado fue desacreditarlos agrediéndolos físicamente y maltratándolos.

El don espiritual de la curación, para producir resultados satisfactorios, necesita combinarse con el desinterés y la humildad, y estas virtudes en su nivel más alto solo pueden lograrse aliándose con el corazón, el entendimiento, el alma y con todas nuestras fuerzas a Jesucristo.

En este pasaje de Hechos aprendemos más que, como dijo Jesús, no tiene sentido decir: "¡Señor, Señor!" De hecho, debemos estar aliados con el Señor, manteniendo la unidad de espíritu mediante el amor, que es el vínculo de la perfección.

DEMETRIO Y DIANA DE LOS EFESIOS

Pensando que había completado su trabajo en Éfeso, Pablo planeaba ir a Jerusalén, pasando por Macedonia y Acaya. En su nuevo viaje tenía la intención de llegar a Roma y enviaría a sus ayudantes Timoteo y Erasto a Macedonia.

Mientras tanto, hubo un gran alboroto en Éfeso "acerca del camino"; es decir, acerca de la religión, desde que "un hombre llamado Demetrio, orfebre, que hizo de plata los santuarios de Diana,[7] dio mucha ganancia a los artesanos; y él, reuniéndolos con los oficiales de obras similares, dijo: Señores, vosotros sabéis que de este oficio provienen nuestras riquezas, y veis y oís que no solo en Éfeso, sino en casi toda Asia, este Pablo ha persuadido y extraviado mucha gente, diciendo que los hechos por manos humanas no son dioses. Y no solo existe el peligro que esta profesión nuestra caiga en descrédito, sino también que el templo de la gran diosa Diana sea despreciado, y que aquella a quien adora toda Asia y el mundo sea incluso privada de su grandeza. Al oír esto, se llenaron de ira y gritaron: "¡Grande es Diana de los Efesios!" (23–29).

Esta narrativa, en sí misma, resume todo lo que puede la "religión de interés" que todavía impulsa todo este movimiento humano en la actualidad.

Y un caso que necesitaba quedar registrado en la historia y que estereotipa perfectamente el "espíritu religioso", no solo de entonces, sino con mucha más razón, hoy, cuando los mercenarios son millones, sofocando todos los influjos de la fe, todos los destellos de esperanza, todos los arrebatos de caridad.

---

[7] Diana – diosa mitológica, hija de Júpiter y Latona. Era la patrona de los cazadores y la gran diosa de los efesios.

¿Qué era la "diosa Diana, la Diana de los efesios"? ¿No sería equivalente a las estatuas e imágenes que hoy se exhiben en los altares? ¿Qué era el templo de Éfeso? ¿No sería parecido a los templos en los que pontifican los sacerdotes actuales?

El caso de ayer con el cristianismo, como hoy con el Espiritismo, *mutatis mutandis*, es siempre el mismo; "la profesión de los religiosos corre peligro de caer en el descrédito, así como los templos de las Dianas de ser despreciados."

Lo que ha prevalecido y prevalece no es el amor a la religión con sus prerrogativas de paz, fe, caridad, fraternidad, amor y adoración a Dios, sino los templos, los altares, los ídolos, los sacerdotes y sus sacramentos.

Ésta es la desgracia de nuestro planeta; es la causa de grandes calamidades, la mayor de las cuales es la guerra.

Si prevaleciera la religión, en el verdadero sentido de la palabra, ¿habría estas disensiones, estos crímenes, esta falta de amor, esta falta de fe que se puede ver en todas partes?

Pero sigamos con la transcripción de los Hechos, que venimos haciendo, versos 29–41.

"La ciudad se llenó de confusión y todos corrieron al teatro arrebatando a los Macedonios, Cayo y Aristarco, compañeros de viaje de Pablo. Pablo quiso presentarse al pueblo, los discípulos no se lo permitieron; también algunos directores de Asia, que eran sus amigos, le enviaron a rogarle que no se atreviera a ir al teatro. Unos, pues, gritaban por un lado, otros por otro; porque la asamblea estaba alborotada, y la mayor parte no sabía por qué se habían reunido. Y sacaron a Alejandro de entre la multitud, y los judíos lo hicieron avanzar. Y Alejandro, agitando la mano, quiso presentar una defensa al pueblo. Pero cuando se dieron cuenta que era judío, todos gritaron a una sola voz durante casi dos horas: ¡Excelente!

¿Es Diana de los Efesios? Y el secretario, habiendo apaciguado a la multitud, dijo: Efesios, ¿qué hombre hay que no sepa que la ciudad de Éfeso es guardiana del templo de la gran Diana y de la imagen que cayó de Júpiter? Por lo tanto, como esto no puede ser discutido, lo mejor es que te quedes callado y no hagas nada apresuradamente. Porque estos hombres que habéis traído aquí no son sacrílegos ni blasfemos contra nuestra diosa. Así, pues, si Demetrio y los artesanos que con él están tienen alguna queja contra alguien, los tribunales están abiertos y hay procónsules; acusarse unos a otros. Pero si algo requiere entonces, se resolverá en asamblea ordinaria. Porque corremos el riesgo de ser acusados de sedición de hoy, sin que exista ningún motivo que nos permita justificar esta reunión. Dicho esto, destituyó la asamblea."

Los comentarios que pudimos hacer ya están plenamente justificados por el secretario, cuyo sentido común no pudo, en aquellos tiempos, resolver mejor la cuestión.

Corroborando lo dicho anteriormente, la "Gran Diana de los Efesios", ha sido y es hasta el día de hoy la religión de la plebe que los Demetrio alientan contra todos aquellos que no participan de sus intereses bastardos y no se rinden a los mandatos sectarios. que dividen a la Humanidad.

Tomen nota de esta lección, para juzgar con justa justicia por qué el sacerdocio y los ídolos persiguen a los pioneros que integran la falange que trabaja por la espiritualización de la Humanidad.

PABLO VUELVE A MACEDONIA Y GRECIA – EL SUEÑO DE EUTO

Como había planeado, cuando cesó el tumulto causado por Demetrio, Pablo llamó a sus discípulos, los exhortó, se despidió de ellos y partió hacia Macedonia. Atravesando las regiones de Macedonia, se dirigió a Grecia, y tres meses después regresó nuevamente a Macedonia, ya que los judíos le habían tendido una trampa cuando estaba a punto de embarcarse hacia Siria. Acompañaron a Pablo, Sópater de Berea, hijo de Pirro, los de

Tesalónica, Aristarco y Segundo, Gayo de Derbe, Timoteo y de Asia, Tíquico y Trofino; Estos se adelantaron y nos esperaron en Troas, y Pablo con Lucas, después de los días de los ácimos, navegaron a Filipos y en cinco días fueron a Troas, donde se encontraron con los demás, y permanecieron allí siete días." - Capítulo 20: 1–6.

En este viaje es posible que hayan hecho alguna publicidad; sin embargo, en los Hechos no aparece nada al respecto.

Los siguientes versos dicen:

"El primer día de la semana, mientras estábamos reunidos para partir el pan, Pablo, que debía partir al día siguiente, discutió con ellos y continuó su discurso hasta medianoche. Había muchas lámparas en el Cenáculo donde estábamos reunidos. Y un joven llamado Eutico, que estaba sentado junto a la ventana, se quedó profundamente dormido mientras Pablo continuaba su discurso, vencido por el sueño, cayó desde el tercer piso, y fue llevado muerto. Pablo bajó, se inclinó sobre él y, abrazándolo, le dijo: No hagas escándalo; porque su alma está en él. Luego subió, partió el pan, comió y les habló largamente hasta que amaneció; y entonces se retiró. Y tomaron vivo al muchacho y se consolaron mucho." – Capítulo 20: 7 – 12.

La estancia de Pablo en Troas pasó a ser memorable en la historia. Lucas no quiso dejar de recordar la magnitud del fervor del Apóstol. En el aposento alto, donde se reunió con los discípulos, habló hasta medianoche, deteniéndose para tomar una comida ligera, y luego continuó hasta el amanecer.

Pablo tenía poco tiempo para pasar en esta ciudad y necesitaba aprovecharlo al máximo y también la buena voluntad de quienes querían comprender mejor la Doctrina de Jesús. Aunque realizó un trabajo extenuante, no dudaría en pasar la noche en vigilia para llevar a los hombres la luz que debía apagar en ellos la noche del alma. Y así sucedió. Lamentablemente, entre los que Dios envía a recibir la palabra, hay varios que, en lugar de velar, se quedan dormidos; se duermen y caen, hasta el punto de creerlos muertos.

Eso es lo que le pasó al joven Eutico. Sentado junto a la ventana, en lugar de estar alerta, escuchando y esforzándose en estar atento, para ser iluminado por la palabra, en el camino de la vida, se durmió, y cayó, necesitando la ayuda de sus compañeros para ayudarlo y ser transportado a su casa.

Pero lo interesante es que el Apóstol no perdió la flema: examinó al paciente: "su alma está en él." Ya no se molestaba porque necesitaba transmitir la enseñanza que había recibido a quienes lo rodeaban; y lo hizo con alegría, como buen siervo que hace la voluntad de su Señor.

EL VIAJE DE PABLO A MILETO

"Nosotros; sin embargo, adelantándonos a tomar el barco, navegamos hacia Assôs, con la intención de recibir allí a Paulo; eso es lo que había decidido, con la intención de viajar él mismo por tierra. Cuando nos alcanzó en Assôs, lo recibimos a bordo y nos dirigimos a Mitilene; y navegando desde allí, llegamos al día siguiente frente a Quío, al día siguiente tocamos Samos, y al día siguiente llegamos a Mileto, porque Pablo había decidido no tocar Éfeso, para no demorarnos en Asia; entonces. Se apresuró a estar en Jerusalén el día de Pentecostés, si fuera posible. Desde Mileto envió a Éfeso a llamar a los ancianos de la iglesia." – Capítulo 20: 13 – 17.

Habiendo decidido estar en Jerusalén el día de Pentecostés, Pablo se puso en camino, pasando por varias ciudades, donde diría algo a los discípulos. También fueron sus discípulos, pero en lugar de emprender el viaje por tierra, algunos fueron por mar hasta Assôs, donde Pablo tomó la barca en la que viajaban algunos de ellos, como Lucas y otros.

No tuvo tiempo de predicar en las ciudades que visitó porque se acercaba la fiesta de Pentecostés y necesitaba estar en

Jerusalén ese día. Pero en Mileto se detuvo un momento y reunió a los presbíteros, los discípulos encargados de dirigir las asociaciones cristianas.

Reuniendo a todos los de Mileto y Éfeso, que tenían un gran número de cristianos, decidió darles una exhortación, que fue transcrita en un acto especial para ser recordado y que Lucas incluyó en los Hechos.

Es una pieza sustancial y conmovedora al mismo tiempo. En este escrito Pablo resume su vida evangélica, y le advierte contra las trampas de mistificadores y mercenarios, que ya en aquellos tiempos intentaban pervertir los llamamientos del Señor: Transcribámoslo:

"Sabéis cómo me he comportado siempre con vosotros, desde el primer día que entré en Asia, sirviendo al Señor con toda humildad, con lágrimas y con las pruebas que me sobrevinieron por las trampas de los judíos; así como no rehuí anunciaros nada útil y enseñároslo públicamente y de casa en casa, dando testimonio tanto a judíos como a griegos del arrepentimiento para con Dios y de la fe en nuestro Señor Jesús.

Ahora he aquí que estoy constreñido en mi espíritu y voy a Jerusalén, sin saber lo que allí me sucederá, salvo que el Espíritu Santo me testifica de ciudad en ciudad que me esperan cadenas y tribulaciones. Pero no tengo mi vida como una cosa preciosa para mí, siempre y cuando complete mi carrera y el ministerio que recibí del Señor Jesús para dar testimonio del Evangelio de la gracia de Dios. Y ahora sé que todos vosotros, entre quienes iba proclamando el reino, ya no veréis mi rostro. Por tanto, os prometo hoy que estoy limpio de la sangre de todos; porque no he rehuido declarar todo el consejo de Dios. Prestad atención a vosotros mismos y a todo el rebaño en el que el Espíritu Santo os ha puesto supervisores, para pastorear la iglesia de Dios, la cual él compró con su propia sangre.

Sé que después de mi partida vendrán a vosotros lobos rapaces que no perdonarán al rebaño, y que de entre vosotros se levantarán hombres que hablarán cosas perversas para arrastrar tras sí a los discípulos.

Por tanto, velad, acordándoos que durante tres años no cesé día y noche de amonestar a cada uno de vosotros con lágrimas. Y ahora os encomiendo a Dios y a la palabra de su gracia, el que puede edificaros y daros herencia entre todos los santificados.

No he codiciado la plata, ni el oro, ni los vestidos de nadie; vosotros mismos sabéis que estas manos proveyeron para mis necesidades y las de los que estaban conmigo. En todo os di el ejemplo de que, trabajando de esta manera, es necesario ayudar a los débiles y recordar las palabras del Señor Jesús, porque Él mismo dijo: Más bienaventurado es dar que recibir. Dicho esto, se arrodilló y oró con todos ellos. Y hubo entre todos un gran llanto y, arrojándose sobre el cuello de Pablo, lo besaron, entristecidos, sobre todo, porque había dicho que ya no verían su rostro. Y lo acompañaron hasta el barco." – Capítulo 20: 18 – 38.

Cualquier comentario que hiciéramos sobre esta conmovedora escena no tendría el color necesario para mostrar la humildad, el desapego que encierra y el espíritu de deber que resalta como una luz centelleante en este magnífico cuadro que retrata el puro cristianismo del Nazareno.

Vale la pena señalar que Pablo, presentándose como un ejemplo vivo de fe y amor cristianos, se esforzó mucho en resaltar ante sus discípulos su vida, absolutamente libre de los mandatos del oro.

En esta hermosa presentación, que hizo a los presbíteros de Éfeso y Mileto, no olvidó decir que su ministerio estuvo siempre libre de influencias monetarias, que tanto dañan la Palabra de Dios: "Estas manos sostuvieron mis necesidades y las de los que estaban conmigo. En todo os he dado ejemplo de que, al trabajar, es necesario ayudar a los débiles y recordar las palabras del Señor Jesús, porque Él mismo dijo: Más bienaventurado es dar que recibir."

En sus Epístolas nunca dejó de aconsejar a todos que se distanciaran. En II, Tesalonicenses, 3: 7–12, dice:

"Porque vosotros mismos sabéis cómo debéis imitarnos, porque no andamos desordenadamente entre vosotros, ni comemos el pan de nadie gratis, sino con trabajo y fatiga, trabajando noche y día, para no ser una carga para nosotros cualquiera de ustedes, no porque no tuviéramos el derecho, sino para ofrecerte en nosotros un modelo que puedas imitar. Porque incluso cuando estábamos con vosotros, os ordenábamos esto: si alguno no quiere trabajar, que no coma. Porque hemos oído que algunos andan desordenadamente, que no hacen nada, sino que se entrometen en los asuntos ajenos; pero a éstos nosotros mandamos y oramos en el Señor Jesucristo, que trabajando en paz, puedan comer su pan."

PABLO Y SUS COMPAÑEROS EN TIRO Y CESAREA – CUATRO PROFETIZAS, HIJAS DE FELIPE

"Después de separarnos de ellos, zarpamos y, siguiendo recto, llegamos a Kos, al día siguiente a Rodas y de allí a Patara; y habiendo encontrado un barco que pasaba hacia Fenicia, subimos a él y continuamos nuestro viaje. Habiendo avistado Chipre, dejándolo a la izquierda, navegamos hacia la jerga y desembarcamos en Tiro; porque allí había que descargar el barco. Y habiendo encontrado a los discípulos, estuvimos allí siete días; y ellos por el espíritu le dijeron a Pablo que no entrara en Jerusalén. Pasados estos días, salimos y continuamos nuestro camino, acompañados de todos, con sus mujeres e hijos, hasta fuera de la ciudad; y arrodillándonos en la orilla oramos, y despidiéndonos unos de otros, nos embarcamos, y ellos regresaron a sus casas.

Terminado el viaje desde Tiro, llegamos a Tolemaida; Después de saludar a los hermanos, pasamos un día con ellos. Saliendo al día siguiente, nos dirigimos a Cesárea; y entrando en casa de Felipe el evangelista, que era uno de los siete, nos quedamos con él. Tuvo cuatro hijas que profetizaron." – Capítulo 21: 1 – 9.

En cada lugar a donde llegó, Pablo recibió, a través de otros médiums locales, mensajes de los espíritus sobre los acontecimientos en Jerusalén, y algunos le aconsejaron que no fuera a esa ciudad. Los apóstoles se detuvieron en Tiro durante siete días y los discípulos de esa ciudad advirtieron al Apóstol que no entrara en Jerusalén. En Tolemaida se detuvieron solo un día, que pasaron con sus compañeros de aquella región, dirigiéndose al día siguiente a Cesárea, tierra de Felipe.

Fue conmovedora la despedida de Tiro, que hermoso cuadro creado por un hábil pintor: todos arrodillados en la playa, las olas besando la arena plateada, bajo la cúpula de un cielo añil, inmortalizando esa emotiva despedida en una sincera oración al Dios de amor, ¡todos ellos aureolados con las bendiciones del Buen y Humilde Nazareno!

Los Apóstoles en Cesárea se alojaron en casa de otro gran apóstol, que fue Felipe, el famoso Felipe que convirtió al eunuco de Candace y a quien el espíritu sacó del camino de Jerusalén a Azoto, era el líder de los cristianos de Cesárea que debían mucho por los grandes servicios que había prestado a esa ciudad; y más aun por el sagrado apostolado ejercido con la mayor buena voluntad y renuncia.

Los Hechos dicen, en los siguientes versículos, que nos dan el título de este comentario, que Felipe tenía cuatro hijas profetisas – médiums - o Pablo ciertamente tuvo magníficas conversaciones con el cielo a través de estas chicas. "Y estando ellos allí muchos días, descendió de Judea un profeta llamado Agabo, y vino a nosotros, y tomando el cinto de Pablo, y atando con él sus manos y sus pies, dijo: Esto dice el Espíritu Santo: Así será con los judíos en Jerusalén atan al hombre a quien pertenece este cinturón, y lo entregarán en manos de los gentiles." (v. v. 9 – 11).

Cuando los apóstoles oyeron esto, inmediatamente creyeron que el mensaje premonitorio se haría realidad, e insistieron en que Pablo no subiera a Jerusalén, pero Pablo, lleno de valor, fe y resignación, respondió: "¿Qué haces llorando y sufriendo por mi corazón? Porque estoy dispuesto, no solo a ser atado, sino incluso a morir en Jerusalén por el nombre del Señor Jesús."

Cuando los discípulos no pudieron persuadirlo, desistieron y dijeron: "Hágase la voluntad del Señor."

"Entonces hicieron preparativos y fueron a Jerusalén; los acompañaron unos discípulos de Cesárea y también llevaron a un tal Manasón, de Chipre, un antiguo discípulo con quien debían quedarse." (v. v. 12–16).

Pablo es verdaderamente el intrépido apóstol del cristianismo. Sus resoluciones, a la hora de dar testimonio de Jesucristo, fueron inquebrantables.

¡Y cómo no iba a ser así si estaba absolutamente convencido de la inmortalidad, de la vida eterna, y científicamente seguro de la verdad que predicaba y había recibido del Señor Jesús, en espíritu!

En el cap. 15, 1a a los Corintios, 32–33, dice: "Si como hombre luché en Éfeso contra las fieras, ¿de qué me sirve si los muertos no resucitan? Comamos y bebamos y mañana moriremos. No se equivoquen, las malas conversaciones corrompen las buenas costumbres."

Y firme en su propósito, pase lo que pase, el apóstol se dirigió a Jerusalén, acompañado de sus discípulos.

Las profecías, como ya se ha visto y se verá, desempeñan un papel destacado en la vida de Pablo.

LA LLEGADA DE PABLO A JERUSALÉN

"Cuando llegamos a Jerusalén, los hermanos nos recibieron con alegría. Al día siguiente, Pablo fue con nosotros a Santiago, y estaban presentes todos los presbíteros, y Pablo, saludándolos, les contó uno por uno las cosas que Dios había hecho entre los gentiles mediante su ministerio. Ellos, después de oírle, glorificaron a Dios, y le dijeron: Mira, hermano, cuántos miles hay entre los judíos que han creído, y todos son celosos de la Ley; y se les ha dicho de ti que enseñas a todos los judíos que están entre los gentiles a confiar en Moisés, diciéndoles que no circunciden a sus hijos ni anden según nuestros ritos. ¿Entonces qué debería ser hecho? Seguramente sabrán que estás cerca. Así que haz esto y nosotros lo haremos por ti. Di: Tenemos cuatro hombres que han hecho votos; tómalos, purifícate con ellos y haz lo necesario para afeitarte la cabeza; y todos sabrán que no es verdad lo que se les ha dicho acerca de vosotros, sino que también vosotros andáis en integridad, guardando la Ley. Pero a los gentiles que hayan creído, ya les hemos escrito, mandándoles que se abstengan de los sacrificios a ídolos, de sangre, de animales asfixiados y de la lascivia. Entonces Pablo, tomando a aquellos hombres, al día siguiente se purificó con ellos y entró en el templo, notificando el cumplimiento de los días de la purificación, en que cada uno de ellos debía traer la ofrenda."
– Capítulo 21: 17 – 26.

Los Apóstoles, como se desprende de la descripción de los Hechos, sufrieron las mayores humillaciones del sacerdocio hebreo unido al gobierno de aquella época.

No podían entrar al templo de Jerusalén sin purificarse y llevar también algunos compañeros que habían pasado por el proceso de "purificación" según el rito judío.

¡Y necesitaban ir al templo, porque en estas ocasiones festivas era precisamente el momento adecuado para predicar la Doctrina!

Pablo tuvo que ceder a los mandatos de los demás Apóstoles domiciliados en Jerusalén, aunque contra su voluntad. Pero tampoco dejó nunca de predicar la purificación del espíritu, que era precisamente lo que todo el mundo necesitaba para acercarse a Dios. Pablo sabía que tenía que pasar por un gran sufrimiento en Jerusalén, pero no lo rehuyó; quería que su estancia en esta gran ciudad que apedreó a los creyentes y mató a los profetas enviados a ella, escuchara en cada rincón el eco de sus palabras, la verdad que nos salva y conduce, como un sublime y veloz ascensor a los pies de Jesús, el autor y perfeccionador de la fe.

De hecho, como veremos, la estancia de Pablo en Jerusalén, aunque causó dolor y agonía al elegido de Jesús, fue fértil en éxito; eran tan grandes que después Jesús se le apareció ordenándole ir a Roma, donde también tendría mucho que sufrir, pero junto a estas espinas que brotarían de las semillas que llevaba, florecerían rosas que le servirían de medicina para abrir los ojos de los ciegos que caminaban por el camino de la vida.

PABLO ES ARRASTRADO DEL TEMPLO Y ES ARRESTADO

"Cuando estaban llegando a su fin los siete días, los judíos que habían venido de Asia, al ver a Pablo en el templo, alborotaron a todo el pueblo y lo apresaron, gritando: Israelitas, venid a nosotros; este es el hombre que predica en todas partes contra el pueblo, contra la Ley y contra este lugar; y además, ha introducido a los griegos en el templo y ha profanado este lugar santo. Porque lo habían visto antes en la ciudad de Trofino de Éfeso, y pensaban que Pablo los había introducido en el templo. Toda la ciudad estaba alborotada y había una reunión de gente; y agarrando a Pablo, lo arrastraron fuera del templo; y las puertas se cerraron inmediatamente. Y como querían matarlo, el tribuno del tribunal fue advertido que toda Jerusalén estaba amotinada; y él, tomando inmediatamente consigo soldados y centuriones, corrió hacia ellos;

quienes, al ver a los tribunos y a los soldados, dejaron de golpear a Pablo. Entonces vino el tribuno, lo arrestó y ordenó que lo encadenaran con dos cadenas, y le preguntó quién era y qué había hecho. Y entre la multitud unos gritaban para un lado, otros para otro; y a causa del tumulto no pudo saber la verdad, ordenó que llevaran a Pablo a la ciudadela. Al llegar a las escaleras, fue cargado por los soldados a causa de la violencia de la gente; porque la multitud lo seguía gritando: ¡Mátenlo! Cuando Pablo estaba a punto de ser llevado a la ciudadela, preguntó al tribuno: ¿Puedo decirte algo? Él respondió: ¿Sabes griego? ¿No eres tú el egipcio que hace mucho tiempo se rebeló y condujo a los cuatro mil asesinos al desierto? Pero Pablo respondió: Soy judío, ciudadano de Tarso, ciudad nada insignificante de Cilicia; y te ruego que me permitas hablarle al pueblo. Pablo, habiéndole permitido, estando en pie en la escalera, hizo una señal con la mano al pueblo y, en gran silencio, habló en lengua hebrea." – Capítulo 21: 27 – 40.

Los turbulentos y alborotadores, cuando no pueden satisfacer sus instintos perversos en una ciudad, aunque caminen leguas, se trasladan a otra.

Un grupo de turbulentos y asesinos, naturalmente influenciados por el sacerdocio, abandonaron Asia para encontrarse con Pablo y satisfacer su deseo de maldad. Fue la celebración de Pentecostés; los "judíos devotos" no pudieron encontrar mejor oportunidad para levantar al pueblo con intrigas nocivas y astucias contra el gran Apóstol cuyo pecado fue predicar la resurrección de los muertos y la palabra de Jesucristo.

El plan estaba bien concebido y dio magníficos resultados, pero los discípulos ya conocían de antemano la agresión proyectada. El propio Pablo había sido advertido que lo atarían, como anunció el profeta Agabo. Pero él no se molestó. Esto tenía que suceder para que Jesús pudiera ser glorificado y su nombre y doctrina resonaran en Jerusalén.

Las grandes ideas solo se difunden y surgen bajo la influencia de la persecución y después que los idealistas reciben el bautismo de sangre. Pero la persecución pasa y los perseguidores de hoy serán los perseguidos de mañana y las ideas nobles siempre triunfarán como han triunfado para hacer progresar a la Humanidad.

EL DISCURSO DE PABLO Y SU DEFENSA

Lo vemos al final del capítulo. que a Paul se le dio la palabra. De pie en las escaleras, el Apóstol hizo una señal con la mano al pueblo para que guardara silencio. Aquí está su discurso, insertada en el cap. 22: 1–21.

"Hermanos y padres, escuchen mi defensa. Soy judío, nací en Tarso, en Cilicia, pero crecí en esta ciudad y fui instruido a los pies de Gamaliel según el rigor de la Ley de nuestros padres, siendo celoso de Dios, como lo sois todos vosotros hoy; y perseguí este Camino hasta la muerte, encadenando y entregando a prisión, no solo hombres sino también mujeres, como testigos son el Sumo Sacerdote y todo el consejo de ancianos, de quienes recibí cartas para los hermanos y fui a Damasco para traer a los que también estaban allí fueron encadenados a Jerusalén para que fueran castigados.

Cuando estaba en el camino y me acercaba a Damasco, casi al mediodía me rodeó una gran luz del cielo. Y caí al suelo y oí una voz que me decía:

- Saulo, Saulo, ¿por qué me persigues?

Y yo respondí:

- ¿Quién eres, Señor?

Y me dijo:

- Yo soy Jesús de Nazaret a quien vosotros perseguís.

Y los que estaban conmigo verdaderamente vieron la luz, y tuvieron mucho miedo; pero no oyeron la voz del que me hablaba. Entonces dije:

- Señor, ¿qué haré?

Y el Señor me dijo:

- Levántate y ve a Damasco, y allí te dirán todo lo que te mandarán hacer.

Y como no podía ver a causa del esplendor de aquella luz, fui llevado de la mano de los que estaban conmigo y llegué a Damasco.

Y vino a mí un tal Ananías, varón piadoso conforme a la ley, que tenía buena reputación entre todos los judíos que allí habitaban, y se presentó, y me dijo:

- Saulo, hermano, recobra la vista.

Y en ese mismo momento lo vi. Y él dijo:

- El Dios de nuestros padres os mandó de antemano que conocierais su voluntad, y vieras al Justo, y oyeras la voz de su boca. Porque debes ser testigo ante todos los hombres de lo que has visto y oído. ¿Y ahora por qué paras? Levántate, sé bautizado y lava tus pecados, invocando el nombre del Señor.

Y aconteció que cuando llegué a Jerusalén y oré en el templo, fui apartado de mí mismo. Y vi lo que me dijo:

- Date prisa y sal pronto de Jerusalén, porque no recibirán tu testimonio acerca de mí.

Y dije:

- Señor, saben que encarcelé y azoté en las sinagogas a los que creían en ti. Y cuando se derramó la sangre de Esteban, tu testigo, yo también estuve presente, y consentí en su muerte y guardé las ropas de los que lo mataron.

Y él me dijo:

- Ve, que yo te enviaré a las naciones lejanas."

La defensa de Pablo no tuvo ningún efecto sobre aquellas personas amotinadas por pasiones subalternas.

El espíritu turbulento no quiere el bien y la justicia; la razón no le vale nada, la humildad es cobardía, la luz deslumbra y el amor no late en su corazón. Él siempre está dispuesto a liberar a Barrabás y crucificar a Cristo.

Condena a Galileo y Copérnico, da cicuta a Sócrates, quema a Bruno y Savanarola, pero hace genuflexión en las plazas y en las esquinas ante la imagen de Júpiter, de Neptuno, enciende velas a los ídolos de todos los "santos", quema incienso en los lugares sacrificiales y altares. Es capaz de matar al justo y sacrificarse por el criminal.

Por lo tanto, las razones de Pablo no fueron escuchadas por el pueblo devoto de Jerusalén. Cuando dijo que Jesús le había ordenado salir de Jerusalén y añadió que el Señor le había dicho que lo enviaría a los gentiles, se oyeron voces de todas partes: "¡Saquen a este hombre del mundo, porque no es apto para que viva!" Y, enloquecidos, se quitaron los mantos y arrojaron polvo al aire, haciendo que el tribuno ordenara que llevaran a Pablo a la ciudadela, y lo interrogaran con azotes, para comprobar el motivo de aquel clamor."

El extracto dice:

"Después de acostarse para recibir los azotes, Pablo preguntó al centurión que estaba presente: ¿Te está permitido azotar a un romano que no ha sido condenado? Cuando el centurión oyó esto, fue al tribuno y le dijo: ¿Qué vas a hacer? porque este hombre es romano. Cuando llegó el tribuno, preguntó a Pablo: Dime, ¿eres romano? Él respondió: Lo soy. El tribuno dijo: Adquirí este título de ciudadano por una gran suma de dinero. Entonces Pablo declaró: Porque yo lo soy de nacimiento. Los que iban a interrogarlo inmediatamente se separaron de él; el tribuno también tuvo miedo cuando supo que Pablo era romano y por qué había ordenado encadenarlo. Al día siguiente, queriendo saber con certeza la razón por la cual era acusado por los judíos, lo soltó y ordenó que se reunieran los principales sacerdotes y todo el Sanedrín y, mandando traer a Pablo, lo presentó delante de ellos. (véanse los vers. 22 – 30).

PABLO ANTE EL SANEDRÍN

El nombre de Jesús, su doctrina de la inmortalidad y del amor, no podía dejar de ser anunciado a los grandes en las Cortes. Los pequeños lo escuchaban por todas partes: en las plazas, en las calles, en las sinagogas; los grandes, que la condenaron sin conocerla, también necesitaban escucharla, y en los mismos tribunales donde fueron condenadas ella y sus Apóstoles, ella también apareció con sus reverberaciones y destellos que fueron la contundente condena del fariseísmo sacerdotal y de la plutocracia dominante, cuya alma y corazón, sumergidos en tesoros mal adquiridos, nada quería de las cosas del cielo, y para poder entrar en los palacios y Cortes, era necesario que sus Apóstoles fueran arrastrados a estas casas de poder y justicia y sufrieran la mayor difamación.

Dios no deja a nadie desamparado, ni siquiera a aquellos que piensan que no necesitan nada de Él, que son siempre los más miserables de todos los hombres.

Pablo ascendió al Sanedrín, para que, con la ayuda del Verbo Divino, se extrajera el veneno de aquellas víboras pontificadoras y un día ellas también se hicieran dignas de entrar en el reino de los cielos.

La reunión estuvo llena de solemnidad. Reclinados en cómodos sillones, los principales sacerdotes y los miembros del consejo supremo que dirigía los asuntos del Estado, cedieron la palabra a Pablo para explicar los motivos de su arresto.

"Pablo, fijando sus ojos en el Sanedrín, dijo: Hermanos, con toda buena conciencia me he comportado delante de Dios hasta el día de hoy. (Hechos 23: 1).

Ananías, que era Sumo Sacerdote aquel año, mandó a los que estaban junto a Pablo que le dieran bofetadas.

Entonces Pablo le dijo: Dios te herirá, pared blanqueada; ¿te sientas aquí para juzgarme según la Ley, y contra la Ley ordenas que me maten?

Los que estaban allí preguntaron: ¿Insultáis al Sumo Sacerdote de Dios? Pablo respondió: Hermanos, no sabía que él fuera sumo sacerdote; por qué escrito está: No hablarás mal del líder de tu pueblo.

El Apóstol pronto se dio cuenta que lo iban a privar de su libertad de hablar y hacer su presentación; decidió atacar el punto principal de su viaje a la Corte. Y sabiendo que de los que allí estaban algunos eran de los saduceos y otros de los fariseos, clamó al Sanedrín; Hermanos, yo soy fariseo, hijo de fariseos; es por la esperanza del Más Allá y por la resurrección de los muertos que estoy siendo juzgado."

Este recuerdo del Apóstol fue una bomba que cayó sobre el Sanedrín: pronto hubo gran disensión entre fariseos y saduceos, y la multitud se dividió.

Para los fariseos había ángeles y espíritus y por tanto resurrección. Pero los saduceos negaron ambas cosas.

Entonces se produjo un gran clamor, y algunos de los escribas de los fariseos hablaron, diciendo:

- "No hemos encontrado ningún mal en este hombre; ¿y quién sabe si le habló un espíritu o un ángel?

Y cuando la disensión se hizo grande, el tribuno, temiendo que el pueblo despedazara a Pablo, ordenó a los soldados que bajaran y llevaran a Pablo a la ciudadela - un castillo fuerte que defiende la ciudad, una especie de fortaleza."

Pablo hizo todo, sufrió todo y todo obró en él por amor a Jesús y a su Palabra, un hombre extraordinario, valiente, dedicado, sincero, calificó como un gran honor para él haber sufrido para llevar a cabo la alta misión que le fue encomendada por el Nazareno. No ocultó sus humillaciones, no ocultó sus heridas, consideró otras tantas coronas y condecoraciones con las que debía celebrar la victoria contra sus enemigos tigrinos.

Recordando a quienes personalmente se gloriaban de haber hecho algo por la predicación del Evangelio, y a otros que oprimían la libertad, escribe a los Corintios, II Capítulo 11: 22 y siguientes:

- "En aquello en que alguno se atreve, yo hablo neciamente, yo también soy atrevido. ¿Son hebreos? También yo. ¿Son israelitas? ¿Yo también soy descendiente de Abraham? ¿Yo también soy ministro de Cristo? Hablo como fuera de mí, o más aun; en mucho más trabajo, mucho más en cárceles, en azotes sin medida, en muertes muchas veces. Muchas veces recibí de los judíos cuarenta azotes menos uno, tres veces me azotaron con varas, una vez me apedrearon, tres veces naufragué, un día y una noche pasé en el abismo; y muchas veces he estado en viajes, en peligros de ríos, en peligros de ladrones, en peligros de mi raza, en peligros de los gentiles, en peligros en la ciudad, en peligros en la soledad, en peligros en el mar, en peligros entre falsos hermanos; en trabajo y fatiga, en muchas veladas, en hambre y sed, en muchos ayunos, en frío y desnudez; Además de las cosas externas, está lo que me pesa diariamente, el cuidado de todas las iglesias. ¿Quién debilita que yo no debilite? ¿Quién está hecho para tropezar que yo no abrace? Si debo gloriarme, me gloriaré en las cosas de mi debilidad. El Dios y Padre de Nuestro Señor Jesucristo, que es bendito por los siglos, sabe que no miento. En Damasco, el tetrarca del rey Aretas custodiaba la ciudad de los damascenos para arrestarme; y en una canasta me bajaron por una ventana que había en la pared de abajo, así me escapé de sus manos."

En el cap. 12 narra sus visiones y dice:

- "Es necesario que me jacte, aunque no conviene, pero pasaré a las visiones y revelaciones del Señor. Conozco a un hombre en Cristo que hace catorce años - si en el cuerpo no lo sé; si fuera del cuerpo no lo sé, Dios lo sabe -, fue arrebatado hasta el tercer cielo. Y sé que ese hombre - si en del cuerpo o separado del cuerpo, no lo sé; Dios lo sabe -, que fue arrebatado al paraíso y oyó palabras inefables, que al hombre no le es lícito pronunciar. De tales me gloriaré; pero no me gloriaré más que en mis debilidades. Porque si quiero gloriarme, no seré insensato, porque hablaré verdad; pero me abstengo para que nadie pueda juzgarme fuera de lo que ve en mí o de lo que oye en mí, y por la extraordinaria grandeza de las revelaciones. Porque para no ser demasiado grande, me fue dado un aguijón en la carne, un mensajero de Satanás que me abofetea, para que no sea demasiado grande. Respecto a esto, rogué tres veces al Señor que la espina se apartara de mí. Pero él me dijo: Te basta mi gracia, porque mi poder se perfecciona en la debilidad. Por tanto, gustosamente me gloriaré en mis debilidades, para que repose sobre mí la fuerza de Cristo. Por eso me gozo en las debilidades, en los insultos, en las necesidades, en las persecuciones, en las angustias por el amor de Cristo; porque cuando soy débil, entonces soy fuerte."

La vida de Pablo es una epopeya de luz, no por el sufrimiento en sí, sino por la difusión del ideal cristiano en medio de grandes tribulaciones.

Finalmente, como se ve en el pasaje de los Hechos mencionado anteriormente, Pablo contó otra victoria más entre sus perseguidores, y como recompensa por tan grandes hazañas, se le apareció el espíritu de Jesús, felicitándolo y encomendándole una nueva empresa, como nosotros veremos en el próximo capítulo.

EL SEÑOR SE APARECE A PABLO

"La noche siguiente, el Señor, estando junto a él, le dijo: Ten ánimo, porque así como diste testimonio de mí en Jerusalén, así también debes darlo en Roma." – Capítulo 23: 11.

Jesucristo estaba en estrecha relación con Pablo. Poderoso médium de todos los efectos, el Apóstol de los Gentiles recibía directamente órdenes de Jesús a quien veía y oía.

En tiempos difíciles, el Maestro no abandonó al discípulo amado del que había hecho "vaso de honor" para llevar las fragantes flores del cristianismo a los gentiles, árbol bendito que había plantado para sanar a las naciones y alimentar a los pueblos que lo tomaban, refugiándose en su sombra.

"Ten ánimo, dijo al Apóstol; Ya habéis dado buen testimonio de Mí, por eso es importante que lo deis también en Roma."

Esta frase no representa solo un vulgar mensaje auditivo, sino una advertencia, una predicción de la partida de Pablo hacia Roma, una orden que, lejos de venir del Sanedrín, vino de arriba, de los concilios divinos. El gran embajador del cielo, que ya había subido a su tercer plano, y había oído en el paraíso palabras inefables, de gloria a la verdad, tuvo que partir para llevar también a las Cortes romanas la palabra de mando recibida de Jesús.

Y él, como ningún otro, supo llevar a cabo hasta el final la empresa que le había sido encomendada, sin retener nunca la palabra de Dios, ni sostenerla entre sus labios, así como, en todos sus discursos, glorificar el nombre de Jesucristo.

En el transcurso de los estudios que estamos haciendo, vemos claramente el esfuerzo divino para que los hombres puedan salvarse y las ovejas que se han descarriado del redil puedan regresar, ser bien custodiadas y pastoreadas, y encontrar la libertad de la que fueron privadas bajo el dominio de mercenarios y cambistas.

LA TRAMPA DE LOS JUDÍOS – DENUNCIA DEL SOBRINO DE PAULO

En el Capítulo 23: 12-35, dice que al día siguiente, al amanecer, se reunieron los judíos y juraron que no comerían ni beberían hasta matar a Pablo. Había más de cuarenta en total.

Luego fueron a los principales sacerdotes y a los ancianos y dijeron:

- "Hemos jurado que no probaremos nada hasta que matemos a Pablo. Avisad, con el Sanedrín, al tribuno que os lo presenta, como si necesitaseis investigar algo más preciso, y nosotros, antes que llegue, estamos dispuestos a matarlo.

Pero el hijo de la hermana de Paul, sabiendo de la trampa, entró en la ciudadela y advirtió a Pablo. Pablo, llamando a uno de los centuriones, le dijo: Lleva a este joven ante el tribuno, porque tiene algo que comunicarle. Lo llevó al tribuno y le narró lo que le había dicho el joven. El tribuno lo llamó en privado y le preguntó qué quería comunicarle. Él respondió: Los judíos acordaron pedirte que presentaras a Pablo al Sanedrín mañana, como si fueras a preguntar con mayor precisión; no te dejes llevar por lo que dicen, porque más de cuarenta hombres lo acechan y han jurado no comer ni beber hasta matarlo y ahora esperan tu promesa.

El tribuno despidió al joven y le dijo que no le dijera nada a nadie. Y llamando a dos centuriones, ordenó: Tened preparados, desde la hora tercera de la noche, doscientos soldados de a pie, setenta de caballería y doscientos lanceros, para ir a Cesárea; les ordenó preparar animales para Pablo y llevarlo sano y salvo al gobernador Félix, a quien le escribió esta carta:

- *Cláudio Lysias al muy poderoso gobernador Félix, salud.*

Este hombre fue arrestado por los judíos y estaba a punto de ser asesinado por ellos, cuando yo, llegando con las tropas, lo liberé, sabiendo que era romano. Queriendo saber la razón por la que lo acusaban, lo llevé al

Sanedrín; y pensé que estaba acusado de cosas de su ley, pero que no había acusación que mereciera prisión o muerte. Como me habían informado que habría una trampa contra este hombre, te lo envié sin demora, y convoqué también a los acusadores para que te dijeran lo que hay contra él.

"Entonces los soldados tomaron a Pablo, como se les había ordenado, y lo llevaron de noche a Antípatris; y al día siguiente regresaron a la ciudadela, dejando que los acompañaran los soldados de caballería, los cuales, llegando a Cesárea, entregaron la carta al gobernador, y también le presentaron a Pablo. Él, después de leerlo y preguntar de qué provincia era, y sabiendo que era de Cilicia, dijo: Yo te oiré, cuando lleguen tus acusadores; y ordenó que lo retuvieran en el pretorio de Herodes."

La misión de Pablo, como dijimos, no se limitó entre los gentiles, él no fue solo ministro de la incircuncisión, sino también de la circuncisión, pero circuncisión del corazón, para que una buena conciencia hacia Dios, nuestro Creador, y una verdadera obediencia a los preceptos del Maestro y Señor Jesús.

Era el representante general del Cristo Nazareno y su vaso elegido y predilecto para llevar la palabra a todos, incluidas las fuerzas armadas, los centuriones, los tribunos, los sacerdotes y sumos pontífices, los escribas, los fariseos y los saduceos; hasta tetrarcas, gobernadores, reyes, emperadores e incluso César. Y su misión solo podría cumplirse, tal como estaba, sin dejar nada que desear, si pasaba por los cuarteles y las cárceles, los pretorios y los sanedrines, las sinagogas, los templos, los palacios.

De ahí vemos el motivo del arresto de Pablo. No sufrió los mandatos arbitrarios de aquellos déspotas que, apoderándose de la justicia, la asfixiaron bajo la más degradante persecución, la más vil injusticia que practicaban contra los discípulos del Señor; pasó por las sombras de los hombres que lo perseguían, para predicar la venida del reino de Dios, la nueva Doctrina de la Redención, el Evangelio de la salvación que Cristo había traído para liberar al hombre del pecado y de la muerte y garantizarle la vida eterna con los valientes. Testimonio de la resurrección de los muertos, Pablo era consciente de su misión, estaba comprometido con su tarea. No salió al azar a las plazas a predicar, siendo repentinamente detenido por la turba, sino que los planes de Jesús, advertidos por su Maestro, lo enviaron a todos los puestos civiles y militares, con plena garantía de vida y asistencia espiritual, para que la palabra del Señor pudiera ser escuchada en todas partes.

Y estos malvados e ingratos que solo podían escuchar la palabra haciendo sufrir a los Apóstoles, recibieron así de antemano la Doctrina que debían abrazar, aunque fuera en tiempos lejanos, por la sabia ley de la pluralidad de las existencias corporales, porque también ellos eran hijos de Dios.

Esto es lo que Pablo insinuó en su Epístola a los Romanos, cap. 11, 28–36:

- "En cuanto al Evangelio, son enemigos por causa de vosotros; pero en cuanto a elección, son amados por sus padres; porque Dios no se arrepiente de sus dones y de su vocación. Porque así como en otro tiempo fuisteis desobedientes a Dios, ahora habéis alcanzado misericordia por la desobediencia de ellos; así también éstos ahora fueron desobedientes, para que por Su misericordia también ellos ahora alcancen misericordia. Porque Dios encerró a todos en la desobediencia, para tener misericordia de todos. ¡Oh profundidad de las riquezas, de la sabiduría y del conocimiento de Dios! Cuán inescrutables son sus juicios y cuán impenetrables son sus caminos. Porque ¿quién ha conocido la mente del Señor? ¿O quién se convirtió en su asesor? ¿O quién os lo dio primero para que os sea devuelto? Porque de Él, por Él y para Él son todas las cosas; a Él sea la gloria por los siglos."

Este extracto va precedido de una alegoría del injerto de olivo realizado sobre el olivo, símbolo de la reencarnación, sobre la que solicitamos la atención de los lectores para mayor aclaración.

Se puede concluir de este capítulo que, si bien el plan de los judíos para matar a Pablo fue grande, no lograron su intención, sino que sirvieron como intermediarios inconscientes para que el Apóstol pudiera cumplir su misión entre los líderes del pueblo.

PABLO EN EL PRETORIO DE HERODES – ACUSACIÓN DE ANANÍAS Y TERTULUO

"Cinco días después bajó el Sumo Sacerdote Ananías, con algunos ancianos y un orador llamado Tertulio, quienes acusaron a Pablo ante el gobernador. Cuando lo llamaron, Tertulio comenzó a acusarlo, diciendo:

Ya que por ti gozamos de mucha paz, y por tu providencia se han hecho reformas en esta nación, en todo y en todas partes reconocemos con toda gratitud al poderosísimo Félix. Pero para no aburriros más, os ruego, por vuestra bondad, que nos escuchéis un momento. Porque hemos descubierto que este hombre es un hombre pestífero, y que promueve la sedición entre los judíos en todo el mundo, y es el líder de la secta de los Nazarenos; quien también intentó profanar el templo, y lo arrestamos, y examinándolo usted mismo, podrá aprender todo de lo que lo acusamos. Los judíos también estuvieron de acuerdo con la acusación, afirmando que estas cosas eran así." – Capítulo 24: 1 – 9.

Las acusaciones sacerdotales formuladas contra los apóstoles son muy similares a las que los sacerdotes romanos y protestantes formulan hoy contra los espiritistas.

Es el espíritu terrible de la secta que se rebela contra las nuevas ideas, es la oscuridad que se rebela contra la luz, es el error, la falsedad, el engaño que huye de la verdad que intenta imponerse a las conciencias. Estos esclavistas que inutilizan la razón y asfixian las nobles aspiraciones del corazón, pretenden, como lo hicieron en el pasado, eternizar la esclavitud de la razón, don sagrado que el

Creador nos concedió para que podamos progresar y contribuir con nuestras fuerzas a el progreso de nuestro prójimo.

Pero el sacerdocio, ligado al dogma y al misterio, no comprende esto. Pretenciosos, fingiendo ser sabios, se volvieron locos, queriendo encerrar al espíritu en una jaula de hierro, para que crea firmemente en sus dogmas arcaicos, en sus rituales, en sus formalismos, en definitiva, en la superioridad ilimitada de su razón, completamente desviada de la lógica y el sentido común.

El crimen de Pablo es el crimen nuestro: hacer pensar al hombre y, como el paralítico en el estanque, levantarse y caminar hacia Dios, dejando de lado la clase sacerdotal que nos oprime.

A los romanos, cap. 12: 1–2, dice:

- "Os ruego, hermanos, por las misericordias de Dios, que presentéis vuestros cuerpos en sacrificio vivo, santo, agradable a Dios, que es vuestro culto racional. No os conforméis a este mundo, sino transformaos mediante la renovación de vuestra mente, para que comprobéis cuál es la buena, agradable y perfecta voluntad de Dios."

A los Corintios II Capítulo 3: 17 dice:

- "El Señor es espíritu y donde está el espíritu del Señor, hay libertad."

A los Tesalonicenses I Cap. 5: 21, dice:

- "Examinadlo todo y abrazad solo lo bueno."

En I a Timoteo, Cap. 4: 1–8, señala las doctrinas erróneas que dañan las almas y aclara el verdadero significado de la religión.

- "Pero el espíritu dice expresamente que en tiempos postreros algunos apostatarán de la fe, escuchando a espíritus engañadores y a doctrinas de demonios, por la hipocresía de hombres mentirosos, cuyas conciencias están cauterizadas, que prohíben el matrimonio y mandan abstenerse de comer. Dios creó para ser usado con gratitud por aquellos que creen y conocen bien la verdad. Porque toda criatura de Dios es buena, y nada debe ser rechazado si se recibe con acción de gracias; porque es santificado por la palabra de Dios y por la oración. Exponiendo estas cosas a tus hermanos, serás un buen ministro de Jesucristo, nutrido de las palabras de fe y de la buena doctrina que has seguido; pero rechaza las fábulas profanas y de viejas. Ejercítate en piedad. Porque el ejercicio del cuerpo es útil para poco, pero la piedad para todo es útil, porque encierra la promesa de la vida presente y futura."

No es necesario entrar en más consideraciones para comprender el motivo que movió a los sacerdotes y judíos sumisos al clero hebreo a perseguir a Pablo.

La acusación en sí es una defensa de los principios cristianos que predicó el Apóstol y muestra cuánto puede hacer el fariseísmo de la mano de gobiernos despóticos.

LA DEFENSA DE PABLO – LA RESURRECCIÓN DE LOS MUERTOS

"Cuando el gobernador le indicó a Pablo que hablara, dijo:

Sabiendo que has sido juez en esta nación por muchos años, hago mi defensa con buen ánimo, ya que puedes ver que no hace más de doce días que subí a Jerusalén a adorar; ¡Y no me encontraron en el templo disputando con nadie ni reuniendo gente, ya sea en las sinagogas o en la ciudad, ni podrán probaros las cosas de las que ahora me acusan! Pero os confieso esto: que según el Camino que llaman secta, sirvo al Dios de nuestros padres, creyendo en todo lo que está conforme a la Ley y que está escrito en los Profetas, teniendo esperanza en Dios como también esperan que 'habrá una resurrección tanto de los justos como de los injustos.' Por eso también me esfuerzo por tener siempre la conciencia tranquila hacia Dios y hacia los hombres. Después de algunos años vine a llevar limosna a mi nación, y a hacer ofrendas, y en este ejercicio me encontraron purificado en el templo, no con muchedumbre ni tumulto; pero algunos judíos provenientes de Asia y estos deben comparecer ante vosotros y acusarme, si tuvieran algo contra mí. O dicen estos aquí qué iniquidad encontraron cuando estuve ante el Sanedrín, excepto esta única frase que pronuncié en alta voz, estando en medio de ellos: 'Por la resurrección de los muertos soy juzgado por vosotros.' Pero Félix, que sabía muy bien estas cosas del Camino, pospuso la causa, diciendo: Cuando baje el tribuno Lisias, decidiré tu cuestión; y ordenó al centurión que Pablo fuera detenido y tratado con suavidad, sin impedir que su propio pueblo le sirviera." – Capítulo 24: 10 – 23.

La resurrección de los muertos ha servido de escándalo para sacerdotes de todas las épocas. Estas palabras del doctor de los gentiles justifican plenamente nuestra afirmación.

Condenar a un individuo por creer en la demostración de la vida eterna es la cosa más estúpida que puede pasar.

Si la religión es el vínculo que nos une a Dios, este vínculo se perpetúa necesariamente en la vida eterna a través de innumerables escalones ascendentes de perfección espiritual, manifestados por la resurrección, sin los cuales no tendríamos conocimiento de ellos.

Si prevalece la muerte, toda perfección, toda felicidad, se extingue. Si la resurrección de los muertos no se hace efectiva, los lazos que nos unen a Dios serán destruidos, y la fe será destruida, se vuelve vana, el amor fraternal no puede prevalecer.

¿Por qué Cristo resucitó? Para demostrar la inmortalidad. A María Magdalena le dice: "Ve a mis hermanos y diles que subo a mi Padre y a vuestro Padre." A Tomás le dijo: "Pon aquí tu dedo y mira mis manos; extiende también tu mano y métela en mi costado; no seáis incrédulos, sino creyentes."

En el Evangelio de Lucas, Cap. 24: 38–39: "¿Por qué estás en problemas? ¿Y por qué surgen dudas en vuestros corazones? Mira mis manos y mis pies, porque soy yo mismo."

¿Qué significa todo esto? ¿No es la demostración de la inmortalidad por la resurrección?

Pablo hizo de la Roca Viva de su Doctrina, la resurrección de los muertos, de la cual Jesucristo tiene las primicias; es decir, el primado, el derecho de manifestarse y hablar primero.

Habiendo Jesús declarado que vendría a cumplir la Ley y los Profetas, parece claro y lógico que debe prevalecer la inmortalidad y la resurrección de los muertos, sin las cuales la Ley es inútil y los Profetas no tienen por qué serlo.

Por eso vemos en las vidas de los Apóstoles una serie continua de manifestaciones genuinamente espíritas.

Destacamos particularmente en el capítulo que transcribimos de los Hechos, los pasajes a través de los cuales entendemos por qué los judíos, y especialmente los sacerdotes, condenaron a Pablo.

En efecto, si no tuvo ningún delito, como declaró el tribuno, ¿cómo se justifica la acusación de los judíos, hasta el punto de exigir un decreto de muerte para el Apóstol?

No se puede entender el sentimiento religioso sin la inmortalidad. Y no podemos entender, repetimos, la inmortalidad sin la resurrección de los muertos; es decir, la reaparición de los muertos.

En el encuentro de Jesús con los saduceos (Lucas, Cap. 20: 27–40) el Maestro dice:

- "Pero que los muertos resuciten, indicó Moisés en el pasaje de la zarza, donde se dice que el Señor es el Dios de Abraham, el Dios de Isaac y el Dios de Jacob. Ahora bien, Dios no es Dios de muertos, sino de vivos; porque todos viven para Él."

Finalmente, Félix, que lo había comprendido todo, pospuso el caso hasta la llegada del tribuno Lisias, pero ordenó al centurión que Pablo fuera detenido, pero tratado bien y concedido ciertos beneficios.

LA ACCIÓN DE PABLO ANTE FÉLIX Y DRUSILLA

"Al cabo de unos días, Félix vino con Drusila, su esposa, que era judía, llamaron a Pablo y le oyeron hablar de la fe en Jesucristo. Mientras Pablo hablaba de la justicia, la templanza y el juicio venidero, Félix se asustó y dijo: Id por ahora y, cuando tenga ocasión y oportunidad, os enviaré a buscar; esperando también al mismo tiempo que Pablo le diera dinero; entonces, mandando llamarlo con más frecuencia, habló con él. Sin embargo, dos años después, Félix fue sucedido por Pórcio Festo; y queriendo ganarse el favor de los judíos, Félix dejó a Pablo en prisión." – Capítulo 24: 24 – 27.

Según lo que leemos en el relato de Lucas, Pablo permaneció encarcelado en Cesárea durante dos años. Aunque disfrutaba de los privilegios que Félix le había concedido, el Apóstol era, en realidad, prisionero del gobierno de aquella ciudad. Ni de una manera ni de otra. Tuvo que ir a Roma, pero no pudo hacerlo porque su libertad estaba restringida.

¿Era quizás necesario permanecer en Cesárea dos años? Ciertamente, de lo contrario, los espíritus que lo seguían y Jesús que actuaba en él no permitirían que esto sucediera.

Ya hemos visto cómo Pedro fue liberado de la prisión por los espíritus del Señor, y cómo el mismo Pablo, en ocasiones, fue liberado de las manos de sus enemigos. Si la estancia del Apóstol se produjo en Cesárea fue porque había una necesidad espiritual de conversión de muchos, pues el propio Félix ya había recibido la palabra junto a su esposa Drusila. Era una pena que este gobernador, extremadamente poderoso, se hubiera dejado llevar por intereses subordinados. Por supuesto, estaba dispuesto a liberar a Pablo, pero solo lo haría por una cierta cantidad, como se puede ver en la narración.

Se observa que el Apóstol no quiso someter al representante de la justicia a la vilipendiación del soborno, porque el que soborna a sus semejantes, como los que son pasivos al soborno, es igualmente criminal, y Pablo no quiso participar en el trabajo infructuoso de las tinieblas. Se dejó prisionero y, en la medida de lo posible, ejerció su ministerio dentro de los estrechos límites de las concesiones que le hacían, predicando a todos aquella Doctrina fundada por Jesucristo y contra la cual la falsedad y la impostura no podían prevalecer.

No sabemos la influencia que Drusila tuvo en el ánimo de Félix, ante el arresto del Apóstol, pero creemos "que contribuyó a aliviar los sufrimientos de Pablo, y tal vez habría dado su opinión complaciente al prisionero."

Las mujeres, cuando no son fanáticas y supersticiosas, y se liberan de las garras sacerdotales, se esfuerzan por ponerse del lado de la recta justicia, además de lo que reciben de los buenos espíritus, la intuición que las guía hacia la verdad y el bien. Vemos, como lo afirma Mateo, cap. 24: 19, que con motivo del juicio de Jesús, la esposa de Pilatos le envió especialmente un mensajero, recomendándole que no se involucrara en el asunto de este Justo, como había tenido sueños aquella noche en que había sufrido mucho por causa del Señor.

La acción espiritual de la mujer, bajo la influencia de la revelación, es muy común en las páginas de la historia. Lamentablemente, esta acción ha sido anulada por el sacerdocio codicioso y venal, que insiste en permanecer en una materialidad degradante.

Félix, como se desprende de la narración de Lucas, aunque ya estaba en posesión de la verdad, se hizo un campo de espinas, sofocando su palabra con los cuidados del mundo, queriendo ganarse el favor de los judíos, hasta que llegó Pórcio Festa a sustituirlo, tomando las resoluciones que se leerán en el capítulo siguiente.

PABLO ANTE FESTO APELA AL CÉSAR

"Después de entrar Festo en la provincia, a los tres días subió de Cesárea a Jerusalén, y los principales sacerdotes y los judíos más eminentes le dieron información contra Pablo, y en su perjuicio le pidieron a Festo como favor que lo enviara a Jerusalén, poniendo una trampa para que él lo mate en el camino. Festo; sin embargo, respondió que Pablo estaba detenido en Cesárea; por tanto, dijo, los que tienen prestigio entre vosotros, bajen conmigo, y si hay algún delito en ese hombre, acúsenlo.

Después de estar entre ellos unos ocho o diez días, descendió a Cesárea; y al día siguiente, sentado en el tribunal, ordenó que trajeran a Pablo. Cuando apareció, los judíos que habían bajado de Jerusalén lo rodearon, trayendo contra él muchas acusaciones graves, que no podían probar; entonces Pablo, defendiéndose, dijo: No he pecado en nada, ni contra la ley de los judíos, ni contra el templo, ni contra el César. Festo, queriendo obtener el favor de los judíos, preguntó a Pablo: ¿Quieres subir a Jerusalén y ser allí juzgado por estas cosas delante de mí? Pero Pablo respondió: Estoy ante el tribunal del César donde debo ser juzgado. No he hecho ningún daño a los judíos, como bien sabes. Por tanto, si soy malhechor y he hecho algo que merece la muerte, no me niego a morir; pero si las cosas que me acusan no son verdad, nadie podrá entregarme en sus manos; apelo al César. Entonces Festo, habiendo consultado con el Consejo, respondió: Al César has apelado, al César irás." – Capítulo 25: 1 – 12.

"El viejo odio no envejece", dice la rima. Lo que no se puede arreglar, como uno quiere, de una manera, se intenta hacerlo de otra.

La retirada de Félix debería haber complacido a los judíos, porque aunque no satisfizo completamente sus deseos, había mantenido a Pablo en prisión sin nada que pudieran lograr, y con el sustituto se intentaría una acción más categórica. Eso es lo que pasó.

Festo, un hombre venal, se había propuesto satisfacer la voluntad de los sacerdotes y ancianos de los judíos, ancianos malvados, con apariencia de honor y seriedad, pero a quienes Cristo ya había llamado sepulcros blanqueados, que parecían hermosos a los ojos de hombres, pero que estaban llenos de rapiña y podredumbre.

Festo, por tanto, como se desprende del texto, no era más noble en conciencia que Félix; "quería ganarse el favor de los judíos" y no dudó en poner en práctica las sugerencias recibidas.

Pero Pablo, además de ser un hombre sabio y discernidor de corazones, contó con la ayuda de Jesús, y como había recibido órdenes del Señor de dar testimonio de su palabra en Roma, mantuvo su decisión anterior: "Estoy ante el tribunal del César, donde debo ser juzgado."

Como ciudadano romano, tenía derecho a apelar al César, y una vez alcanzada la resolución, nadie podía revocar la decisión tomada en el tribunal. Pero Pablo todavía permaneció en Cesárea por un tiempo, como veremos.

LA EXPOSICIÓN DE FESTO AL REY AGRIPA

"Y pocos días después, el rey Agripa y Berenice llegaron a Cesárea para saludar a Festo. Como si se hubieran quedado allí muchos días, Festo explicó al rey el caso de Pablo, diciendo: Félix dejó aquí a un hombre en la cárcel, acerca del cual, estando yo en Jerusalén, los principales sacerdotes y los ancianos de los judíos me informaron, preguntándome. que lo condene; A lo que respondí que no es costumbre de los romanos condenar a ningún hombre antes que el acusado tenga presentes a sus acusadores y haya tenido oportunidad de defenderse de lo que se le imputa. Por lo tanto, cuando estuvieron reunidos aquí, sin demora, me senté en el patio al día siguiente y ordené que trajeran al hombre; y, cuando se levantaron los acusadores, no presentaron contra él ninguna acusación de los crímenes que yo suponía, pero tenían con él ciertas preguntas acerca de su religión, y acerca de un Jesús difunto, de quien Pablo decía estar vivo. Y yo, desconcertado sobre cómo investigar estas cosas, le pregunté si quería ir a Jerusalén y ser juzgado allí por estas cuestiones. Pero cuando Pablo apeló para ser reservado para el juicio del emperador, ordené que lo detuvieran hasta que lo enviara al César. Agripa dijo a Festo: Yo también quería oír a este hombre. Mañana, respondió, lo oirás." – Capítulo 25: 13 – 22.

El rey Agripa decidió hacer un viaje de placer a Cesárea, donde permaneció varios días. Fue precisamente cuando el nuevo gobernador de aquella importante ciudad, Pórcio Festo, en conversación con el rey, expuso el caso de Pablo, el perseguido por los sacerdotes y ancianos principales, pero en quien Festo no vio ningún delito, sino solo quejas contra él que se originó por razones religiosas, con respecto a un Jesús fallecido que Pablo afirmó que estaba vivo.

Pablo vio a Jesús después que los judíos lo crucificaron y mataron; y pensaron que esto era imposible. Para estas personas la muerte era la destrucción de todo, pero para Pablo este no fue el caso, ya que no solo tenía testimonio personal que Jesús vivió, sino también el testimonio de otros que corroboraban su testimonio.

En todos sus discursos repitió siempre lo que escribió a los Corintios, en su Epístola, Capítulo 15: 3 – 8:

- "Porque os he enseñado primero lo que recibí: que Cristo murió por nuestros pecados, según las Escrituras, y que fue sepultado, y que resucitó al tercer día, según las Escrituras; y quien se apareció a Cefás y luego a los doce; luego se apareció a más de quinientos hermanos a la vez; luego se apareció a Santiago, y luego a todos los Apóstoles; y al último de todos, como por un abortivo, se me apareció también a mí."

En su Epístola a los Romanos, Cap. 11: 16 – al tratar del rechazo de Israel, y dirigiéndose a los gentiles, piensa que no se puede realizar la admisión de los israelitas, negando "la vida de entre los muertos."

Finalmente, el rey Agripa, respondiendo a Festo, expresó su deseo de escuchar su palabra. Festo prometió al rey satisfacer su curiosidad, e incluso al día siguiente, como dice la narración de Lucas en Hechos Cap. 25: 23 – 27:

"Agripa y Berenice llegaron con gran pompa y, después de entrar en audiencia con los tribunos y los principales de la ciudad, Pablo fue llevado allí por orden de Festo. Entonces dijo Festo: Rey Agripa y todos los que estáis presentes con nosotros, habéis visto a este hombre, por quien toda la comunidad de los judíos acudió a mí, tanto en Jerusalén como aquí, clamando que no viviera más. Sin embargo, pensé que no había hecho nada que mereciera la muerte, pero habiendo apelado al emperador, decidí entregárselo. De lo cual no tengo nada positivo que escribir al soberano; por eso te lo he presentado a ti y especialmente a ti, rey Agripa, para que, después de realizado el interrogatorio, tenga algo que escribir; porque no me parece razonable enviar un preso sin mencionar también los cargos que se le imputan."

Festo, al parecer, quería mantener cierta compostura, aunque deseaba agradar y servir a los judíos. Quizás los espíritus que ayudaron a Pablo no permitieron que se usaran malas palabras contra el Apóstol en aquel tribunal.

Y como veremos más adelante se le dio la palabra al doctor de los gentiles para que realizara su presentación.

PABLO HABLA CON EL REY AGRIPPA

El rey Agripa concediendo la palabra a Pablo para que hiciera su defensa, como se menciona en Lucas Capítulo 26, de los Hechos, el Apóstol extendiendo su mano, comenzó a hablar:

- "Me considero feliz, oh rey Agripa, de tener que defenderme hoy ante ti de todo lo que me acusan los judíos, sobre todo porque eres versado en todas las costumbres y cuestiones que existen entre ellos; por eso te ruego que me escuches con paciencia.

En cuanto a mi vida en mi juventud, que pasé desde el principio entre mi pueblo y Jerusalén, todos los judíos lo saben; conociéndome desde el principio - si quieres testificar -, cómo viví como fariseo según la secta más severa de nuestra religión.

Y ahora estoy aquí para ser juzgado por la esperanza de la promesa hecha por Dios a nuestros padres, la cual las doce tribus, sirviendo a Dios fervientemente noche y día, esperan alcanzar; por esta esperanza, oh rey Agripa, estoy acusado.

¿Por qué os parece increíble que Dios resucite a los muertos? En verdad entendí que debía hacer toda oposición al nombre de Jesús Nazareno; y así lo hice en Jerusalén; y habiendo recibido autoridad de los principales sacerdotes, no solo encarcelé a muchos santos, sino que también voté contra ellos cuando los mataban; y reprendiéndolos muchas veces en las sinagogas, los obligaba a blasfemar; cada vez más enojado contra ellos, los perseguí incluso en ciudades extranjeras. Para esto, yendo a Damasco con la autoridad y comisión de los principales sacerdotes, al mediodía, oh rey, vi en el camino una luz del cielo que superaba el esplendor del Sol, que me rodeaba a mí y a los que iban conmigo, con su claridad.

Y caímos todos al suelo, y oí una voz que me decía en lengua hebrea: Saulo, Saulo, ¿por qué me persigues? Es difícil resistirse a los pinchazos.

Y dije: ¿Quién eres tú, Señor? Y él respondió: Yo soy Jesús, a quien vosotros perseguís; sino levántate y ponte en pie, porque para esto me he aparecido a ti, para ser tu ministro y testigo tanto de las cosas que has visto, como de aquellas por las cuales te apareceré; librándote de este pueblo y de los gentiles a los cuales ahora te envío, para abrirles los ojos y convertirlos de las tinieblas a la luz, y del poder de Satanás a Dios, para que reciban el perdón de los pecados y la herencia entre los santificado por la fe en mí.

Por tanto, oh rey Agripa, no fui desobediente a la visión celestial. Pero prediqué primero a los de Damasco y de Jerusalén, y a toda la tierra de Judea, y a los gentiles, para que se enmendaran y se volvieran a Dios, haciendo obras dignas de arrepentimiento.

Por eso los judíos me prendieron en el templo y trataron de matarme.

Pero habiendo obtenido la ayuda de Dios, permanezco hasta el día de hoy, dando testimonio a pequeños y a grandes, no diciendo nada más de lo que los profetas y Moisés dijeron que debía suceder; es decir, que Cristo debía sufrir, y, siendo el primero en la resurrección de entre los muertos, debía proclamar la luz a este pueblo y a los gentiles.

Y habiendo dicho esto en su defensa, Festo dijo en alta voz:

- Estás delirando, Pablo; las muchas letras te hacen delirar.

Pero él dijo: No me engaño, oh poderoso Festo; pero hablo palabras de verdad y de sano juicio. Porque el rey, ante quien hablo con valentía, sabe estas cosas; porque no creo que nada de esto le esté oculto; porque no se hace en secreto. ¿Crees, oh rey Agripa, en los profetas? Sé que lo crees. Y Agripa dijo a Pablo: Apenas me has persuadido a convertirme en cristiano. Pablo respondió: Quisiera a

Dios que con poco o mucho no solo tú, sino también todos los que hoy me oyen, lleguen a ser como yo, salvo estas cadenas.

Y se levantaron el rey, y también el gobernador, y Berenice, y los que estaban sentados con ellos; y cuando se fueron, hablaron entre sí, diciendo:

- Este hombre no ha hecho nada que merezca muerte o prisión. Agripa dijo a Festo: Podría haber sido liberado si no hubiera apelado a César."

VIAJE A ITALIA – LAS PREDICCIONES DE PABLO – EL AVISO DE JESÚS

Como era la intención de Jesús que Pablo fuera a Roma, donde tendría que dar testimonio de su palabra, después de la visita del rey Agripa a Cesárea, el gobernador Festo lo hizo ir a Italia.

Lucas, que también formaba parte de la comisión de viaje, cuenta que Pablo y algunos otros prisioneros fueron entregados a un centurión de la Corte de Augusto, llamado Julio, quien trató muy bien al Apóstol, permitiéndole ir a Sidón a ver a sus amigos y recibir una buena acogida por parte de ellos.

"Se embarcaron en Cesárea, en un barco de Adramitio, que navegaba por la costa de Asia. Los acompañaba Aristarco, un macedonio de Tesalónica. Desembarcaron en Sidón, de allí siguieron a sotavento de Chipre, porque los vientos eran contrarios, y habiendo cruzado el mar que baña Cilicia y Panfilia, llegaron a Mirra, ciudad de Licia. Entonces el centurión, al encontrar un barco de Alejandría que viajaba a Italia, los hizo abordar en él. Navegaron muy lentamente durante muchos días y, habiendo llegado con dificultad a la altura de Cnido, sin dejarse llevar por el viento, navegaron a sotavento de Greta, a la altura de Salmone; y navegando con dificultad, llegaron a un lugar llamado Bons Portos, cerca del cual estaba la ciudad de Laséa.

Este viaje como podéis ver fue muy largo, los vientos no eran favorables y todo parecía difícil.

La navegación era peligrosa y Pablo, previendo problemas, advirtió al centurión y a los demás, diciendo: "Veo que el viaje será con muchos daños y muchas pérdidas, no solo del cargamento y del barco, sino también de nuestras vidas." Sin embargo, dieron más crédito al piloto y al capitán del barco que a lo que dijo Pablo. Y como el puerto no era apto para invernar, la mayoría decidió ir de allí al mar, para ver si de alguna manera podían llegar a Fénix, y pasar allí el invierno, ya que Fénix es un puerto de Greta que parece hacia el noreste y suroeste.

El viento del sur soplaba suavemente y pensando que habían conseguido lo que querían, después de levar anclas, se acercaron mucho a la costa de Greta.

Pero, poco después, un tifón llamado Euroaquilón estalló en el lado de la isla, y el barco fue arrastrado y, al no poder resistir el viento, detuvieron la maniobra y se dejaron llevar por el viento. Pasando a sotavento de un islote llamado Clauda, apenas pudieron recoger la barca, y habiéndola levantado, emplearon todos los medios, ciñéndola con cables; y temiendo terminar en Syrte, aprovecharon todo el equipo y se dejaron llevar por el viento. Agitados por una violenta tormenta, al día siguiente comenzaron a arrojar el cargamento por la borda y al tercer día arrojaron al mar los equipos del barco. El Sol no apareció por muchos días, ni tampoco las estrellas; Aun azotados por una gran tormenta, todos perdieron la esperanza de salvarse."

La predicción de Pablo estaba en su más alto grado de cumplimiento. Pero el Apóstol no se desanimó; Cuando Pablo los vio entregados, se levantó en el barco y dijo:

- "Caballeros, en verdad, debieron haberme atendido, y no haber dejado Greta y sufrir este daño y pérdida. Pero ahora os insto a que tengáis valor; porque no se perderá entre vosotros ninguna vida, sino solo la nave. Porque esta noche se me apareció el ángel de Dios – Jesús -, a quien pertenezco y a quien también sirvo, diciendo: No temas, Pablo; debes presentarte ante César, y Dios te ha dado todos los que navegan contigo. Así que tengan ánimo, hombres, porque creo en Dios que esto sucederá, como me dijeron. Pero tenemos que terminar en una isla.

En la décima parte de la noche, habiendo sido conducidos de un lado a otro del mar Adriático, a medianoche los marineros que se acercaban a tierra empezaron a sospechar. Y lanzando la sonda encontraron veinte brazas. Pasando un poco más lejos y lanzando de nuevo la sonda, encontraron quince: y temiendo que, tal vez, acabarían en playas rocosas, echaron cuatro anclas desde la popa y estaban ansiosos por la mañana. Cuando los marineros intentaron escapar de la nave, y habiendo arriado la barca al mar con el pretexto de ir a echar anclas desde la proa, Pablo dijo al centurión y a los soldados: Si estos no se quedan en la nave, no seréis poder salvaros a vosotros mismos. Entonces los soldados cortaron las cuerdas del barco y lo soltaron.

Al amanecer, Pablo rogó a todos que comieran, diciendo: Hoy es el decimocuarto día que habéis estado esperando, ayunando y sin comer nada. Por eso os ruego que comáis algo; porque de ello depende vuestra seguridad, porque a ninguno de vosotros se le caerá ni un solo cabello de la cabeza.

Dicho esto, y tomando el pan, dio gracias a Dios delante de todos y, partiéndolo, se puso a comer. Y en total había doscientas setenta y seis personas en el barco. Y saciados de alimento, comenzaron a aligerar la nave arrojando trigo al mar.

Cuando llegó la mañana, no conocían la tierra, pero vieron una cala con playa, y consultaron si podían encallar allí el barco. Soltando las anclas, las abandonaron en el mar, soltando al mismo tiempo los cables del timón; e izando el trinquete al viento, se dirigieron hacia la playa. Sin embargo, yendo a un lugar donde se juntaban dos corrientes, encallaron el barco; y la proa, arrastrada por la tierra, permaneció inmóvil, pero la popa fue destrozada por la violencia de las olas.

La opinión de los soldados era que se debía matar a los prisioneros, para que ninguno de ellos nadara y escapara; pero el centurión, queriendo salvar a Pablo, se lo impidió y ordenó a los que sabían nadar que fueran los primeros en saltar al mar y llegar a tierra; y los demás para salvarse, unos a bordo, y otros sobre los restos del barco. Y así todos escaparon a la tierra, sanos y salvos.

No en vano, por tanto, el Apóstol, en una de sus epístolas, enumeró los peligros que atravesó, sin olvidar el naufragio del que fue víctima.

Sin embargo, lejos de desmayarse, siguió siendo un apoyo para aquella población flotante, a la que no dejó de aconsejar, animar y llenar de fe y esperanza. Y si el centurión y el comandante le hubieran escuchado, todos estarían libres de pasar por las tribulaciones por las que pasaron. Pero el espíritu ciego no obedece los mandatos de lo Alto y se deja llevar por la 'sabiduría terrenal' llena de dudas y vacilaciones; y el resultado siempre es perjudicial.

El día que el hombre obedezca a las instituciones superiores y se vuelva a Dios, será feliz, estará libre de muchos males que lo afligen y de grandes pérdidas y molestias que lo hacen sufrir. Finalmente, habiendo llegado a aquella isla, sin saber dónde se encontraban, es seguro que aun tendrían que sufrir mucho, pero podrían considerarse salvados." Hechos – Capítulo 27: 1–26.

EN LA ISLA DE MALTA – PAULO Y LA VÍBORA – LA BIENVENIDA DE LOS PUEBLOS INDÍGENAS

"Estando seguros, supimos entonces que la isla se llamaba Malta. Los indígenas los trataron con mucha humanidad, pues encendiendo un fuego los recibieron bajo carpas por la lluvia que caía y por el frío.

Cuando Pablo reunió y puso un manojo de leña en el fuego, una víbora, huyendo a causa del calor, le mordió la mano.

Cuando los indígenas vieron el reptil colgado de la mano de Paulo, se dijeron entre sí: Este hombre ciertamente es un asesino, porque aunque se salvó del mar, la Justicia no lo dejó con vida.

Pero él, sacudiendo al reptil en el fuego, no sufrió ningún daño; pero esperaban que de repente se hinchara o cayera muerto. Sin embargo, habiendo esperado mucho tiempo y viendo que no le sucedía nada raro, cambiando de opinión, dijeron que era un dios."
– Capítulo 28:16.

La Isla de Malta es actualmente posesión inglesa; está situada en el Mediterráneo, entre Sicilia y África, y tiene 185.000 habitantes.[8]

En tiempos apostólicos estuvo habitada por una población que, a pesar de la falta de cultivo intelectual, se mostró más humana hacia los Apóstoles que la gente civilizada de burel y birrete. Se hizo todo lo que se podía hacer por los náufragos. No había ropa para darles, pero sus cuerpos helados eran calentados por el fuego de una hoguera preparada al efecto.

Parece increíble; sin embargo, es cierto, sobre todo en los tiempos actuales; cuanto mayor es la ilustración del individuo, peor es, sin sentimientos afectivos, egoísta, orgulloso, desleal y malvado. Esto se debe a que la falsa educación aleja a los hombres de Dios,

---

[8] Nota del editor: Estimación actual: Estado independiente del sur de Europa, miembro de la *Commonwealth* británica, situado en el Mediterráneo, entre Túnez y Sicilia. Está formada por cuatro islas: Comino o Kemuna, Gozo o Ghawdex, Filola y Malta. La población, de raza maltesa (de origen semita) es de 322.000 habitantes (estimación de 1974).

privándolos de las intuiciones superiores que excitan pasiones nobles.

Pero los naturales de la región, según su costumbre de juzgar a los hombres por las tormentas que sufrían, en cuanto Pablo fue mordido por la serpiente, pensaron que era un asesino. Sin embargo, al ver que el veneno no había producido nada en el Apóstol, lo consideraron un dios, ya que solo los dioses estaban inmunes a las serpientes.

Pablo, al igual que Jesús, tenía el poder de pisotear los escorpiones y neutralizar el veneno de las serpientes, poder que el Divino Maestro dio a sus Apóstoles, como se ve en los Evangelios.

¿No es esta inmunidad a los venenos una forma de mediumnidad? Es probable.

Pero sigamos escuchando a Lucas, el gran discípulo de Pablo, que describe cómo Publio los acogió:

- "Ahora bien, en las cercanías de aquel lugar había unas tierras del hombre principal de la isla, llamado Publio, el cual nos recibió y nos hospedó con gran bondad durante tres días.

Estando el padre de Publio enfermo en cama con fiebre y disentería, Pablo fue a visitarlo y, habiendo orado, le impuso las manos y lo sanó.

Hecho esto, vinieron también los demás enfermos que había en la isla y fueron curados, y nos distinguieron con muchos honores, y cuando salimos nos subieron a bordo lo que necesitábamos."

Se puede ver que la estancia de Pablo y sus discípulos en la isla de Malta por tres meses fue providencial, y ciertamente dejaron muchos seguidores en aquella isla mediterránea que dieron gracias al Señor por permitir el naufragio para poder recibir la luz que recibían, necesaria para recorrer el camino de la vida.

Las curas de Pablo, recordadas por Lucas, en este pequeño territorio bañado por todas partes por el mar, fueron edificantes.

Un gran médium, el Apóstol de los Gentiles, con la ayuda de Jesús, trajo dentro de sí la medicina para hacer desaparecer los males que oprimían a los desafortunados.

Y todos le dieron pruebas de su agradecimiento, ofreciendo lo necesario a la pequeña caravana que tenía como destino Roma, donde Pablo, encargado por Jesús, llevaría la buena nueva de la redención.

CONTINUACIÓN DEL VIAJE – SIRACUSA PUTEOLI Y ROMA

"Al cabo de tres meses nos hicimos a la mar en un barco procedente de Alejandría, que había pasado el invierno en la isla y cuya insignia era Castor y Pólux. Y tocando en Siracusa, nos quedamos allí tres días, desde donde llegamos a Régio. Al día siguiente sopló viento del sur y llegamos a Puteoli en dos días; donde, habiendo encontrado algunos hermanos, nos rogaron que nos quedáramos con ellos siete días; y así nos fuimos a Roma. Y cuando los hermanos supieron noticias de nosotros, vinieron a nuestro encuentro hasta la plaza de Ápio y Tres Vendas, y cuando Paulo los vio, dio gracias. Dios y lo animó.

Cuando llegamos a Roma, el centurión entregó los prisioneros al general de los ejércitos; pero a Pablo se le permitió andar por separado con el soldado que lo custodiaba." Capítulo 28: 11 – 16.

Después de una estancia de tres meses en la isla de Malta, Pablo y sus compañeros tomaron un barco desde Alejandría y, con el centurión y los soldados, se dirigieron a Roma, donde deseaba ser juzgado bajo el César.

Pasaron por Siracusa, donde permanecieron tres días, luego desembarcaron en Reggio y dos días después en Puteoli. En Puteoli ya había muchos creyentes, los cuales hicieron que los Apóstoles permanecieran allí siete días. Ciertamente en esta santa intimidad, donde se busca cultivar la fraternidad, se intercambiaron muchas ideas sobre la Doctrina de Jesús y lo que era necesario para darla a conocer.

Quizás por falta de tiempo, Lucas dejó de hacer referencias a lo ocurrido en Puteoli.

Al llegar a Roma, Pablo y sus compañeros fueron recibidos por muchos apóstoles y cristianos que se reunieron a su alrededor, llenándolos de alegría, no solo por abrazar a sus hermanos en la fe, sino también por haber completado su viaje cuyo motivo principal era obedecer la orden de Jesús de predicar la palabra de vida.

El centurión, seguramente ya en posesión de las nuevas ideas cristianas, fue admirablemente generoso con el Apóstol, dejándole libertad en una habitación privada, aunque en compañía del soldado que lo custodiaba, quien, sin duda, ya debía estar muy relacionado con el Apóstol por sus dones de corazón.

No hay nadie que no ceda ante las buenas sugerencias. La bondad domina y enamora a quienes se acercan a ella.

Veamos en el próximo capítulo el debut de Pablo en Roma.

PABLO CONVOCA A LOS JUDÍOS Y PREDICA EN ROMA

Estamos concluyendo la exégesis de los *"Hechos de los Apóstoles."* Lamentamos profundamente que el autor haya dejado de lado el final de la carrera apostólica de las dos grandes figuras del cristianismo: Pedro y Pablo.

No encontramos ninguna referencia en este sentido en los "Hechos", por lo que no queremos aventurar hipótesis sobre el fin de la existencia terrena de estos dos grandes representantes de Jesús. Algunos dicen que Pedro fue sacrificado en Roma con la cabeza hacia abajo, a petición propia, por considerarse indigno de ser crucificado, como lo había sido Jesús; otros dicen que esta versión no es más que una leyenda y que Pedro nunca estuvo en Roma.

En cualquier caso, no nos interesa la clase de muerte que vivió el Apóstol, sino la clase de vida de la que tan buen testimonio dio de la verdad cristiana.

Lucas tampoco hace referencia a Pablo, quien concluye su historia en los *"Hechos de los Apóstoles"* como leeremos:

"Después de tres días convocó a los principales judíos; y cuando se reunieron, les dijo: Yo, hermanos, a pesar de no haber hecho nada contra nuestro pueblo ni contra el rito de nuestros padres, he sido entregado desde Jerusalén en manos de los romanos, los cuales, habiéndome interrogado, quisieron liberarme, porque no hay en mí delito que merezca la muerte; pero como los judíos se opusieron a esto, me vi obligado a apelar al César, aunque no tenía nada de qué acusar a mi nación. Por esto envié a llamaros para veros y hablaros; porque por la esperanza de Israel estoy atado con esta cadena. Pero ellos le dijeron: No hemos recibido carta de Judea acerca de ti, ni ha venido ningún hermano de allí a contar o decir nada malo de ti, nos gustaría saber de usted lo que piensa; porque respecto a esta secta sabemos que es contestada en todas partes.

Fijándole un día, fueron en gran número a recibirlo a su domicilio; a quienes, desde la mañana hasta la noche, dando testimonio, les anunciaba el reino de Dios, persuadiéndolos acerca de Jesús por la ley de Moisés y de los profetas; algunos se dejaban persuadir por sus palabras, y otros permanecían incrédulos; y no estando de acuerdo entre sí, se retiraron cuando Pablo les habló estas palabras. Bien habló el Espíritu Santo a vuestros padres por medio del profeta Isaías: Id a este pueblo y decid: Ciertamente oiréis, y no entenderéis. Ciertamente lo verás y de ninguna manera percibirás. Porque el corazón de este pueblo se ha entristecido, y sus oídos se han entorpecido, y han cerrado sus ojos; no sea que viendo con mis ojos y oyendo con mis oídos los sane. Y dicho esto, los judíos se fueron, teniendo gran controversia entre ellos.

Y añade para concluir:

- Y permaneció dos años enteros en su habitación alquilada, y recibía a todos los que venían a él, predicando el reino de Dios y enseñando las cosas acerca del Señor Jesucristo con entera libertad y sin trabas." Capítulo 28: 17 - 31.

Nuestro objetivo principal al escribir esta obra no fue resaltar la muerte de Pablo, ni recordar la de los Apóstoles que difundieron la fe cristiana, sino aclarar, lo más posible, la vida y los actos de estos hombres humildes y buenos, que, renunciando a su propia persona, vivieron para Cristo; es decir, cumpliendo los designios que Jesús les había confiado.

Y, en cuanto a Pablo, si examinamos detalladamente el último fragmento de Lucas, debemos necesariamente concluir que el Apóstol de los Gentiles, habiendo apelado al César, lo hizo conscientemente con la firme intención de obedecer estrictamente la orden de Jesús, dada en manifestación. de espíritu, como se ve en el versículo 19, cap. 23 de Hechos: "Tened ánimo, porque así como testificasteis de Mí en Jerusalén, así es necesario que testifiques también en Roma."

El Apóstol permaneció en Roma dos años, recibiendo todos los días a cuantos acudían a él, a quienes predicaba la genuina Doctrina de Cristo, bajo las bases indestructibles de la Revelación, con sus prerrogativas de inmortalidad, aparición y comunicación de los espíritus.

Y lo hizo libremente y sin obstáculos; es decir, con la aquiescencia directa o indirecta, voluntaria o involuntaria, consciente o inconsciente, de Nerón, que era el César de su tiempo.

Sus epístolas a los Corintios, especialmente la I, capítulos 12, 13 y 14, aclaran muy bien el pensamiento interno de la religión del gran Apóstol. Si nos apoyamos en ellos, no podemos dejar de recibir la luz que aclara el entendimiento y el amor que alegra el corazón, para avanzar hacia la verdad, hacia Dios.

LOS APÓSTOLES DE JESÚS

Al poco de iniciar su vida pública, en el cumplimiento de la singular misión que el Señor Supremo le había concedido, Jesús decidió elegir entre los hombres que conocía, doce discípulos, para que lo acompañaran de ciudad en ciudad, donde tendría que anunciar la venida del reino de Dios.

Fueron muchos los que lo siguieron, para escuchar sus sublimes parábolas, sus sermones llenos de amor y dulzura.

Una noche se alejó de ellos para descansar y, muy temprano, subió al monte a orar, a orar lejos del bullicio humano y a ponerse en íntima comunicación con el Altísimo, cuyos mensajeros le ayudaban en su tarea. Al regresar, los discípulos esperaban recibir, todos ellos, ese pan del cielo que tanto saciaba su hambre de comprensión, precisamente en un momento similar al que estamos atravesando, en el que la fe se había retirado de sus corazones.

El Maestro, después de haberles dado la paz, como era su costumbre, los llamó y creyó conveniente, según el evangelista Lucas, nombrar definitivamente a los doce que debían seguirle.

Y les dio el nombre de Apóstoles, que significa predicadores que ejemplifican la fe. Ellos fueron:

Simón, a quien llamó Pedro, y Andrés su hermano; Santiago y Juan; Felipe y Bartolomé; Mateo y Tomás; Santiago, hijo de Alfeo; y Simón, llamado Zelote; Judas, hijo de Santiago, y Judas Iscariote.

Después de esto, descendió con ellos y los demás discípulos a un lugar, donde estaba una multitud de Judea, de Jerusalén y de la costa de Tiro y Sidón, para escucharlo y ser curados de sus enfermedades. Subió con los doce a un pequeño monte y les anunció las bendiciones reservadas para los que buscan a Dios; sanó a los enfermos que allí se encontraban y expulsó los malos espíritus que atormentaban a los obsesionados. El Maestro quiso darles una lección de cómo debían actuar ellos, los apóstoles, para cumplir bien su tarea.

La obra de los Apóstoles durante la vida corporal de Jesús fue nula. Solo después de haber recibido el espíritu, después de la explosión de Pentecostés, tomaron medidas para realizar su gran tarea.

Es solo que el hombre, por sí solo, no puede hacer nada. Sin la ayuda de Dios, que constituye su iglesia triunfante, que se cierne en las alturas para dirigir a las regiones altas y proveer luz y fuerza a la iglesia militante. Ninguna persona en este mundo, donde todavía predominan la oscuridad y el desamor, tiene el poder de hacer, deshacer o guiar a las masas hacia la espiritualidad.

Tenemos ejemplos sorprendentes de esta verdad, y el mismo Jesús la hizo suya cuando Él, el espíritu más grande que descendió a la Tierra, dijo: "Por mí mismo nada puedo hacer; es el Padre quien hace en Mí las obras que veis; mi palabra no es mía, sino del Padre que me envió."

Pero después de Pentecostés, todos los elegidos por el Maestro, a excepción de Judas Iscariote que fracasó en su misión, cediendo en un momento de debilidad a mandatos inferiores, todos los demás hicieron lo que pudieron para difundir el gran ideal que les había sido concedido..

Y hablando de Judas Iscariote, no pasemos por alto a este individuo que siguió a Jesús, con los otros once, durante tres años consecutivos.

Su genealogía no se encuentra en el Evangelio, seguramente porque, habiendo actuado como lo hizo, con deslealtad y traición, ya no merece la consideración de los evangelistas.

El historiador Josephus dice que su apodo, Iscariote, proviene de la ciudad donde nació: Carioth o Keriote. Era un debilucho, pero no un Atila, un Nerón cortejado por el sacerdocio de su época. Y como el progreso es infinito, lejos de pensar en la perenne condenación de Judas, creemos que, ya recuperado de sus enfermedades morales, se reintegra al Apostolado, luchando por la gran causa, ya bien conocida, y por la que también dio su vida en un momento de extremo arrepentimiento por el mal que había hecho.

Echemos una mirada comprensiva a este Apóstol, no olvidemos que Jesús lo ha sostenido con el manto de su perdón, y que a pesar de prever la tragedia que se desarrollaría y de la que Él sería la víctima sangrienta, nunca negó a Judas el pan y vino.

El tiempo en el que nos encontramos es de grandes compromisos y Judas no puede dejar de ser heraldo en esta gran lucha en la que la luz se esfuerza por apagar las tinieblas que nublan nuestro planeta.

Y la prueba de nuestra afirmación, si no vino a través de la lógica de la Doctrina que el Nazareno nos anunció, vendría a través del hermoso mensaje de Judas, recibido en la Capital Federal de los Estados Unidos del Brasil, el 12 de septiembre de 1916, por un médium bien desarrollado, mensaje comprobado por un vidente, quien vio cuando estaba escrita la comunicación, a un hombre con barba y cabello negro, vestido con ropas blancas, muy blancas. El espíritu apareció rodeado por un gran halo de luz azul claro que rodeaba otra luz de un aterciopelado azul oscuro. Alrededor del espíritu, extendidos, flotaban copos de luz verde, siendo el efecto de la aparición deslumbrante.

Aquí está el mensaje:

"Judas, mis buenos amigos, regresa hoy al mundo para declarar ante los hombres las verdades que le fueron inspiradas por Nuestro Señor Jesucristo, el gran y amado Maestro, a quien, en un momento de ceguera, oscuridad y extrema debilidad, traicionó, vendiéndolo a los enemigos.

Jesús, mis buenos amigos, el Mesías, el que fue enviado por Dios para salvar el Mundo donde hoy vivís, ya perdonó a Judas Iscariote su debilidad y su ceguera. Dios, en su infinita misericordia, concedió, por boca de su amado Hijo, el perdón al que una vez fue infiel, traidor, perjuro, falso y criminal discípulo del Mesías, que nunca dejó de lamentarse y compadecerse de la debilidad y miseria de su discípulo.

Vengo, mis buenos amigos, en nombre de mi querido Maestro, el Salvador del Mundo, para decirles algo que les interesa. Me presento ante vosotros para restablecer la verdad distorsionada, falsificada por hombres interesados en permanecer en el camino del error y la mentira.

Me presento ante ustedes, mis buenos amigos, para confesarles mi gratitud por las inmensas pruebas de amor que me fueron dadas por Dios y por Nuestro Señor Jesucristo.

Me presento aquí, ante vosotros, compañeros míos y amados hermanos, para hacer penitencia por los errores que he cometido y, al mismo tiempo, cantar himnos a la sabiduría infinita y a la pureza inmaculada de este admirable Maestro, a la bondad incomparable de este corazón todo hecho de dulzura y de amor.

Vengo a cantar hosannas a la sublime sabiduría del Creador y a elevar una oración, en la que todos ustedes deben acompañarme, porque en esta oración ascenderemos al Padre Celestial y a Jesús, quienes en esta hora extienden su misericordiosa visión sobre este planeta atrasado, mundo de expiaciones y sufrimiento, de lágrimas y dolores.

Digan conmigo, mis queridos hermanos:

- ¡Jesús, nuestro Salvador, Hijo de Dios y luz sublime que aclara nuestro camino, que nos guía en la Tierra y en la Eternidad! Señor, aquí están tus hijos, guiados por quien cometió un profundo error en el mundo, el mayor de todos los criminales que pisaron la superficie de este planeta; ¡aquí estamos todos, Señor, teniendo frente a nosotros al más pérfido e infiel de tus discípulos! ¡Aquí nos encontramos todos, junto al criminal más débil de tus hijos: ¡Judas Iscariote!

Nosotros, Señor, también somos débiles, cometemos grandes errores, nos pesa una culpa inmensa, los grandes pecados nos obligan a inclinar la cabeza ante Ti, ¡Señor! Nuestra alma, Jesús, está cubierta de *llagas, nuestro corazón está envenenado por los sentimientos más impuros que en él hemos alimentado; sentimos nuestro espíritu debilitado cuando revisamos nuestro pasado espiritual, lleno de crímenes y ofensas graves; estamos, Señor, todavía esclavos de la materia, sintiendo nuestras entrañas devoradas por los deseos pecaminosos, nuestra alma atrapada, encadenada a la materia que la sostiene en la superficie de la Tierra, de donde no puede desprenderse hacia las regiones luminosas, sin antes purgarse de las impurezas y manchas que los pecados dejaron en ella y donde los vicios produjeron profundos surcos, las miserias de la carne dejaron huellas que difícilmente serán borradas.*

¡Ya lo hemos hecho, buen Jesús! Nuestras manos manchadas con la sangre de nuestros hermanos, nuestros pies llenos de barro pútrido de las guaridas y estercoleros por donde caminamos durante mucho tiempo; también tenemos en nuestras manos el cardenillo de la moneda por la que vendimos nuestra conciencia, traicionamos a nuestros hermanos; conservamos aun en nuestros labios los signos de nuestras abyecciones, de la impureza de las pasiones que alimentamos en nuestro corazón; llevamos estampados en la frente los estigmas de nuestra bajeza, de la podredumbre, la miseria y el libertinaje a los que nos entregamos en la vida; mantenemos en nuestros ojos las huellas de nuestras crueldades, el brillo de las voluptuosidades y placeres criminales que hemos disfrutado durante esta existencia terrena.

Nuestro cuerpo, Señor, es el libro donde está escrita la historia de nuestros abusos y transgresiones; nuestra alma, Jesús, es el espejo donde se reflejan en este momento todos nuestros ataques a las leyes de Dios, todas las violaciones a Tu Evangelio; nuestra conciencia es, en este momento, un sudario donde está estampada tu efigie, pero tan descolorida que apenas la reconocemos.

¡Señor Jesús! ¡Querido y adorado Maestro! Todos nuestros pecados están grabados en nuestro espíritu; ¡todas nuestras faltas se arrastran sobre nuestra conciencia, que nos acusa ante Ti y Tu Padre!

Nuestras faltas son grandes, nuestros pecados son inmensos, nuestros errores son infinitos, pero en Tu bondad siempre hay lugar para todo perdón; en Tu alma hay grandes reservas de misericordia y tolerancia, en Tu corazón inconmensurable hay un constante desbordamiento de piedad y de amor por los que sufren, los que gimen y lloran, los débiles, los infelices y los pecadores, como nosotros.

Recibe, pues, buen Jesús, esta oración que te ofrecemos y que es pronunciada por los labios más impuros que jamás han existido sobre la Tierra, dictada por la conciencia más oscura que ha palpitado en un ser humano, trazada por la mano más criminal que ha alguna vez existió en este planeta; oración que nace del alma más culpable que este mundo ha conocido hasta la fecha, el espíritu más débil y criminal de cuantos han encarnado en la Tierra.

Acepta, Señor, buen Jesús, la oración que Judas, el traidor de ayer, el falso y pérfido de otros tiempos, nos hace recitar en este momento en tu presencia para que, como él, obtengamos nuestro perdón, merezcamos tu bondad. ¡A la gracia de recibir de Tu Padre la misma luz y la misma paz que Él dio al más cruel, al más criminal e infame de Sus hijos!

¡Escucha, Jesús nuestra oración y danos lo que le diste a Judas por el mal que te hizo, por la traición que cometió contra tu divina persona, por el ultraje que te infligió, en el momento más doloroso de tu vida como misionero, como redentor, como Salvador del Mundo e Hijo de Dios!¡Tú, que tuviste en Tu alma la grandeza, la dulzura y el amor para perdonar a este discípulo falso y perjuro, Señor! Perdónanos también a nosotros, cuyos errores, faltas, crímenes y pecados están muy lejos del crimen y pecado de aquel que está frente a nosotros, en esta hora de luto y dolor, para dar gracias a la infinita misericordia de Dios y de la fuente inmensa e inagotable de dulzura, de cariño, de pureza y de inmenso amor: ¡el Corazón de Jesús!

¡Perdónanos, Señor! ¡Sálvanos, Jesús!"

También diré:

"¡Jesús mío! ¡mi Salvador! ¡Si yo he merecido Tu perdón y Tu misericordia, mis hermanos también pueden merecerlo, porque ante Judas, toda la Humanidad, con todos sus crímenes, sus pecados y sus miserias, es santa, inocente como el más inocente de los niños que juegan en la superficie de la Tierra!

¡Perdona, pues, Señor! ¡Humanidad, cómo perdonaste al más grande de los traidores!

¡Dijimos que la iglesia triunfante opera a través de la iglesia militante aquí en la Tierra, y narramos los nombres de los doce Apóstoles elegidos por Jesús!"

Pero es necesario comprender que, después del descenso del espíritu, estos Apóstoles se multiplicaron y sustituyeron entre sí con la desaparición de unos y la vejez de otros. Fueron, más tarde, muchos los que formaron el gran Colegio Apostólico.

Es difícil dar los nombres de todos ellos, pero dejaremos constancia en este sencillo trabajo de aquellos que más destacaron y cuya fe profesional llamó nuestra atención.

Por ahora recordaremos, en un breve relato biográfico, a quienes integraron los doce, como representantes de las Doce Tribus de Israel.

MATEO

Mateo fue uno de los doce Apóstoles y uno de los cuatro evangelistas. Nacido en Galilea. Se llamaba Leví y era publicano -recaudador de dinero público, entre los antiguos romanos.

"Un día estaba cumpliendo con sus deberes, en la oficina de impuestos, cuando Jesús, pasando por allí con una gran multitud, lo vio sentado en la recepción y le dijo: sígueme.

Y él, dejándolo todo, se levantó y lo siguió. Poco después, Leví ofreció a Jesús un gran banquete en su casa."

Los sacerdotes no vieron con buenos ojos la conversión de este hombre que ocupaba un cargo oficial. Y sabiendo que había muchos publicanos y otras personas en el banquete, enviaron escribas y fariseos, los cuales preguntaron al Maestro: "¿Por qué comes y bebes con publicanos y pecadores?"

Jesús les respondió: "Los que están sanos no necesitan médico, pero los que están enfermos sí; no he venido a llamar a justos, sino a pecadores al arrepentimiento." Los publicanos, aunque eran personas de representación oficial, eran mal vistos por la gente, ya que creían que estaban extorsionando a los contribuyentes. Por eso se hicieron ricos.

De ahí viene la respuesta de Juan el Bautista a los recaudadores de impuestos que acudían a él para recibir el bautismo de arrepentimiento. Cuando le preguntaron a Juan qué debían hacer para preparar el camino del Señor y dar frutos de arrepentimiento, la "Voz del Desierto" les respondió: No cobren más de lo que se les ha prescrito.

Conviene recordar también el caso de Zaqueo, el recaudador de impuestos. Era un jefe recaudador de impuestos y rico. Cuando Jesús llegó con la multitud, trató de ver quién era Jesús, pero como era bajito de estatura, se subió a un sicomoro. Cuando Jesús llegó a aquel lugar, levantó la vista y dijo: Zaqueo, baja pronto, porque hoy debo quedarme en tu casa. Bajó apresuradamente y recibió a Jesús con alegría. Los que estaban allí, escribas y fariseos, en seguida murmuraron: ¿Cómo se aloja éste en casa de un pecador? Pero Zaqueo se dirige a Jesús y le dice: Señor, la mitad de mis bienes daré a los pobres, y si en algo he defraudado a alguien, se lo devolveré cuadruplicado.

Jesús dijo a todos los que estaban allí: Hoy ha venido la salvación a esta casa, porque también él es hijo de Abraham; porque el Hijo del Hombre vino a buscar y encontrar lo que se había perdido.

Parecía muy fácil para Jesús convertir a los recaudadores de impuestos y a los pecadores. Lo que parecía imposible para Jesús era la conversión de los Doctores de la ley, los rabinos, los sacerdotes, los escribas y los fariseos, a quienes el Maestro no dejó de apostrofar. Una vez dijo a los representantes de estas clases nobles de la sociedad: "En verdad os digo que los recaudadores de impuestos, los pecadores y las rameras os precederán en el reino de los cielos."

Mateo era publicano y llegó a ser uno de los doce Apóstoles, pero permaneció en la oscuridad mientras Cristo estuvo en la Tierra. Solo después de la ascensión y descenso del espíritu en el Cenáculo tomó acción: predicó en Judea y países vecinos, hasta la dispersión de los Apóstoles, aprovechando sus momentos libres para escribir su Evangelio. Después dicen que partieron hacia Oriente, predicando la nueva Doctrina en Persia y Etiopía.

ANDRÉ Y BARTOLOMÉ

Andrés fue uno de los doce Apóstoles; era el hermano de Pedro. Su actitud, a lo largo de la vida de Jesús, fue la de escuchar al Maestro, observar sus acciones, estudiar sus preceptos, siguiéndolo siempre en todas partes.

Excepto una vez que salió con otro compañero a predicar la buena nueva al mundo, según la orden que el Maestro dio a los doce, no aparece ninguna otra acción de André, mientras Jesús estaba en la Tierra. Y esta vez ciertamente hizo algo real para la difusión del cristianismo naciente, porque el Señor, como dice Lucas, habiendo reunido a los doce, los envió, de dos en dos, por todas las ciudades, dándoles las siguientes instrucciones y poderes: "Tengan autoridad sobre los demonios - espíritus malignos - y curar enfermedades; predicar el reino de Dios y realizar curaciones; No lleváis nada consigo, ni bastón, ni bolsa, ni pan, ni dinero, ni tampoco dos túnicas. Cualquiera que sea la casa en la que entres, quédate allí y sal de allí. En cualquier ciudad donde no os reciban, al salir de ella, sacudid el polvo de vuestros pies en testimonio contra ellos. Cuando salieron, recorrieron los pueblos proclamando la buena nueva y haciendo curas por todas partes." (Lucas, Capítulo 9: 1–6).

Existe una tradición que Andrés, después de la difusión del espíritu, predicó en Patras, una ciudad de Grecia, y en Acaya.

De Bartolomé, a su vez, se resume la noticia biográfica.

Dicen que nació en Canaán, en Galilea, y luego predicó el Evangelio en Arabia, Persia, Etiopía y luego en la India, de donde regresó a Liaconia y luego a otros países.

Sea como fuere, es interesante saber que estos, al igual que los demás Apóstoles, limitaron su misión a predicar el Evangelio y sanar y recibir instrucciones espirituales para el cumplimiento exitoso de su tarea. Ni cultos, ni ritos, ni exterioridades fueron adoptados por el naciente cristianismo.

FELIPE Y TOMÁS

Felipe nació en Betsaida, en Galilea, fue pescador, y tras la conversión de Pedro y Andrés, se unió también al número de los que compondrían el Apostolado de la primera hora, desde entonces acompañó siempre a Jesús.

Después de la muerte del Maestro, permaneció en Jerusalén hasta la dispersión de los Apóstoles, yendo, según la tradición, a predicar el Evangelio a Frigia, un rincón de Asia Menor al sur de Bitinia.

Fue Felipe quien presentó a Jesús a Natanael, un hombre ilustre y de carácter refinado que vivía en Galilea. Es muy interesante el encuentro de Natanael con Jesús, a través de Felipe.

Estando Felipe con Natanael (Juan Cap. 1: 45–51) le dijo:

- "Hemos encontrado a aquel de quien Moisés escribió en la Ley, y de quien hablaron los Profetas, a Jesús de Nazaret, hijo de José. Natanael le preguntó: ¿De Nazaret puede salir algo bueno? Felipe respondió: Ven y mira. Jesús, al ver acercarse a Natanael, dijo: ¡He aquí un verdadero israelita, en quien no hay engaño! Natanael le dijo: ¿De dónde me conoces? Respondió Jesús: Antes que Felipe te llamara, te vi cuando estabas debajo de la higuera. Natanael le respondió: Maestro, tú eres el Hijo de Dios, tú eres el rey de Israel. Jesús le dijo: Porque te digo que te vi debajo de la higuera, ¿crees? cosas mayores que éstas veréis, y añadió: De cierto, de cierto os digo, veréis el cielo abierto y los ángeles de Dios subiendo y descendiendo sobre el Hijo del Hombre."

Natanael, después de este encuentro con el Maestro, lo siguió, convirtiéndose en uno de sus discípulos.

Felipe murió muy anciano, dicen en Hierápolis.

Teodureto, en su Historia Eclesiástica, hace referencia a una visión que Teodosio, el Grande, tuvo de Felipe. Teodureto dice que: "en la batalla entre Teodosio y Eugenio, se le aparecieron dos hombres vestidos de blanco y lo instaron a tener buen coraje, añadiendo que fueron enviados en su ayuda; uno de ellos era Juan Evangelista, otro era Felipe; le advirtieron que tendría victoria sobre el enemigo; y de hecho, esta victoria se produjo al día siguiente. Un soldado del ejército de Teodosio había tenido la misma visión.

Tomás o Dídimo[9] fue uno de los doce Apóstoles; nacido en Galilea en el seno de una familia de pescadores. Acompañó a Jesús durante los tres años de su predicación, mostrándole gran cariño.

Cuando Jesús, en el segundo día de la resurrección, se apareció de repente a sus discípulos y los saludó, como de costumbre: "La paz esté con vosotros", Tomás estaba ausente. Cuando llegó Tomás, los discípulos le dijeron que el Señor se había aparecido, pero él se negó a darles crédito.

Ocho días después, Jesús se apareció nuevamente a los discípulos y, volviéndose hacia Tomás, lo convenció de su supervivencia, mostrándole las cicatrices en los pies y las manos, y la herida en el costado.

Se cree que Tomás fue a predicar el Evangelio a los persas, hindúes y árabes después de la dispersión, ignorándose las particularidades que destacaban el ministerio de este Apóstol.

SIMÓN – JUDAS Y MATÍAS

Simón también era uno de los doce; era galileo, aparentemente nacido en Canaán, donde Jesús, en las bodas, convirtió el agua en vino. Lucas lo llama Zelote, el Celoso, significado que, en griego, como observa Jerónimo en sus comentarios a Mateo, expresa la misma idea que "cananeo."

En los Evangelios no hay otra referencia a Simón: se sabe, por deducción, que Simón después de Pentecostés

---

[9] Este nombre significa gemelo.

participó en la obra de los demás Apóstoles, yendo seguramente a predicar el Evangelio en alguna parte.

El historiador griego Nicéforo dice que viajó por Egipto, Cirenaica y África; quien anunció la buena nueva en Mauritania y en toda Libia y posteriormente en las Islas Británicas que realizó muchos milagros; es decir, que fue dotado de facultades psíquicas, con ayuda de las cuales produjo curas y otros fenómenos, que sustentaron su predicación.

Judas, apodado Tadeo, era hijo de Santiago y también nació en Galilea. Es interesante que todos los discípulos, o casi todos, eran galileos.

Galilea, la antigua provincia de Palestina, está frente al Mediterráneo y Fenicia; de un lado el monte Líbano y el río Leontes; del otro, el Jordán y el lago de Genesaret; el torrente de Keseus al sur. Sus montes eran el Carmelo, el Tabor y el Gelboe; sus principales ciudades fueron: Acco, Séforis, Nazaret, Canaán, Betulia, Cafarnaúm. Comprende el territorio de las tribus de Neftalí, Aser, Zabulón e Isacar.

Galilea fue el refugio de muchas familias que se mantuvieron fieles a sus creencias judías. Antes de eso, los profetas la consideraban una tierra de maldición. Primero formó parte del territorio de las tribus que se rebelaron contra el heredero de Salomón, luego la invasión asiria despobló el país y sustituyó a las poblaciones deportadas a las orillas del Éufrates. Una vez terminada la dominación asiria y Judea devastada, las antiguas poblaciones regresaron, mezclando así razas y cultos y dando a Galilea una especie de libertad de pensamiento, extraña en Oriente.

Fue en este ambiente libre que nació el cristianismo, donde vivieron los Apóstoles, los mártires de la nueva religión, donde nació Jesús, que allí vivió por más de treinta años; fue allí donde se estableció el núcleo de cristianos que llevarían al mundo la noticia de la redención y golpearían al mundo griego y romano con el látigo de la luz. Cuando nació Jesús, Galilea era el paraíso de Siria y especialmente Nazaret era famosa por su belleza y clima.

Los galileos formaron una secta antes de Jesús, cuyo jefe era Judas de Galilea.

Cuando el emperador impuso sensatez a todos sus vasallos, los galileos se levantaron, porque pensaban que era una vergüenza para los hijos de Israel pagar tributo a un príncipe extranjero.

En definitiva, parece que fueron los galileos los primeros en convertirse a la nueva fe, aliándose con su amado Maestro. Judas Tadeo, dice Necéforo e Isidoro, después de la difusión del espíritu, anunciaron el cristianismo a los pueblos de Libia, Persia y Armenia. Dejó una carta de exhortación, que forma parte del Nuevo Testamento, en la que invita a sus discípulos a luchar por la fe y armarse de buenas obras que den signo de purificación.

Matías fue el sustituto de Judas Iscariote en el Apostolado.

No sabemos nada en los primeros tiempos acerca de Matías, aparte que era uno de los setenta y dos discípulos que el Señor nombró y envió, de dos en dos, delante de él a todas las ciudades y lugares que pretendía visitar.

Es muy interesante la credencial que les entregó el Maestro para realizar la tarea que iban a desempeñar. Vale la pena transcribirlo.

"Id, yo os envío como a corderos en medio de lobos. No llevéis bolsa, ni alforjas, ni sandalias; y no saludéis a nadie en el camino. Cualquiera que sea la casa en la que entren, digan primero: Paz a esta casa. Y si hay allí un hijo de paz, vuestra paz reposará sobre él; y si no lo hay, te regresará. Quédate en esa misma casa, comiendo y bebiendo lo que te ofrezcan, porque el trabajador es digno de su salario. No te mudes de casa en casa. En cualquier ciudad en la que entres y te reciban, come lo que te ofrezcan; sanad a los enfermos que en ella haya y decid: El reino de Dios está cerca. Pero en cualquier ciudad en la que entréis y no os reciban, salid a las calles y decid: Hasta el polvo de vuestra ciudad que se pega a nuestros pies lo sacudimos contra vosotros. Sin embargo, sepan que el reino de Dios está cerca."

Y estos discípulos fueron y tuvieron gran éxito, superando con creces sus expectativas. Porque cuando volvieron para informar al Señor del resultado de la tarea que les había sido encomendada, llenos de alegría le dijeron:

- "Señor, hasta los espíritus malignos se han sometido a nosotros en tu nombre. A lo que Jesús respondió: Vi a Satanás caer del cielo como un rayo. He aquí os he dado potestad de hollar serpientes y escorpiones, y sobre toda fuerza del enemigo, y nada os dañará en ninguna manera. Pero no os regocijéis que los espíritus se os sometan, sino alegraos que vuestros nombres estén escritos en el cielo."

Esta última revelación de Jesús parece confirmar que los misioneros de su Doctrina no se hacen aquí en la Tierra, vienen ya del mundo espiritual, tienen sus nombres escritos "en el cielo", como buscadores de la verdad que vienen a liberar al hombre de oscuridad y de la ignorancia.

Matías fue, por tanto, uno de los setenta y dos y de los que no se escandalizaron después, sino que siguieron siempre al Maestro.

Una tradición, confirmada entre los griegos, afirma que, después de Pentecostés, predicó el Evangelio en Capadocia y en el lado del Ponto Euxino.

LOS APÓSTOLES MARCOS Y BERNABÉ

¿Quién era el apóstol Marcos? Para nosotros es una gran personalidad, una figura destacada del cristianismo; prominente y humilde, servicial y lleno de energía, poder y voluntad.

En los Evangelios no podremos recoger nada de Marcos, excepto el Evangelio escrito por él. ¡Su genealogía es desconocida! Parece uno de esos individuos que, muy ligados a las cosas del cielo, tienen tendencia a mostrarse sin títulos, sin linaje y hasta sin nombre, o con un nombre que les es propio, pero que no es el nombre dado por su familia.

Quiere ser anónimo, desconocido, pero solo conocido por sus obras para que el verdadero honor y gloria no le pertenezca a él, sino a su y nuestro Maestro Jesús.

Los libros sagrados, las enciclopedias, tratan a Marcos como a un individuo casi desconocido y; sin embargo, hasta hoy, sus mensajes espíritas resuenan en los cuatro rincones del globo, como cornetas que anuncian la aurora del gran Día del Señor.

¿No es Marcos, ese Juan Marcos a quien se refieren los *Hechos de los Apóstoles* y las Epístolas de Pablo? El nombre Marcos aparece en los Hechos como un judío de Jerusalén, llamado Juan, que había adoptado el apellido romano, Marcos. En la primera mención de él, su nombre aparece en relación con el de Pedro, cuando a este último, el ángel le abrió las puertas de la prisión, "fue a casa de María, madre de Juan, cuyo sobrenombre era Marcos, donde mucha gente estaba reunida y orando." (Hechos, Cap. 12: 12).

También es interesante que esta casa era, cuando vivía el padre de Marcos, aquella en la que se celebraba la cena del Señor, y el padre de Marcos también era el dueño del huerto de Getsemaní. ¿No será Marcos, el joven narrado en el evangelio de Marcos, que siguió a Jesús, cubierto solo con una sábana, y lo agarraron, pero él, soltándose la sábana, salió corriendo desnudo? (Cap. 14: 51 – 52).

Nosotros lo creemos.

Marcos trabajó duro después de la difusión del espíritu en el Cenáculo.

Cuando Bernabé y Pablo regresaron de Jerusalén a Antioquía, después de haber cumplido su misión de llevar ayuda a los hambrientos, Marcos los acompañó (Hechos, Cap. 12: 25) y luego permaneció como su asistente. En Perge dejó a Pablo y Bernabé y se dirigió a Jerusalén, donde probablemente tenía que cumplir ciertas obligaciones domésticas.

En otro viaje acompañó a Bernabé y navegó hacia Chipre, de donde era originario. (Cap. 15: 36 – 40). Se cree que Marcos desempeñó su ministerio en Egipto, habiendo fundado el primer núcleo cristiano en Alejandría.

De las epístolas de Pablo se ve que Marcos fue un gran hombre. Cuando Pablo, desde su prisión en Roma, envió epístolas a los Colosenses y a Filemón, recuerda que Marcos es su compañero. Pablo dice que solo tres judíos en Roma le fueron fieles, siendo Marcos uno de ellos, ya no como ayudante, sino como colaborador en el Evangelio.

En la carta dirigida a Timoteo, Pablo dice que Marcos es su fiel compañero.

Finalmente, Marcos también cooperó con Pedro en el trabajo espiritual. Muchos escritores llaman a Marcos el intérprete de Pedro.

A continuación, presentamos en breves notas lo que podemos extraer del ilustre evangelista.

Bernabé, como Marcos, no era uno de los doce; sin embargo, su gran actividad, tras la resurrección de Jesús, hizo que se le contara entre el número de los Apóstoles.

Era de la tribu de Leví y su familia, que venía de Chipre, tenía muchas posesiones. Sabía leer y escribir, estudió en Jerusalén con Gamaliel, solo después de abrazar y entrar en la obra del Evangelio recibió el nombre de Bernabé, que significa hijo de consolación. Como Marcos, tiene el emblema del león. El nombre original de Bernabé era José, era un hombre sencillo y bueno. Cuando abrazó el cristianismo, vendió sus bienes y entregó las ganancias a los Apóstoles. Fue él quien presentó a Pablo a Pedro y a Santiago el Menor.

Bernabé estaba en Antioquía, luego en Tarso cuando Pablo estaba allí; acompañó al Doctor de los Gentiles en el viaje a la isla de Chipre y Liaconia, y cuando viajó con Pablo tuvo la humildad de dar siempre preferencia a las palabras de Pablo en la predicación.

Vale la pena recordar el caso de Lyster, en el que los conversos aplaudieron a Pablo y Bernabé como si fueran Mercurio y Júpiter.

Fue, como los demás apóstoles, un gran trabajador.

CONCLUSIÓN

La vida de los Apóstoles fue una vida de trabajo, de lucha incesante por la difusión del Evangelio; fue una vida de desinterés y enormes sacrificios; de verdadero desapego de las cosas del mundo; de dolor, de sufrimiento, pero también de gloria que no se desvanece, de adquirir tesoros que no perecen, de luces que no se apagan, de verdades que nos llevan a las alturas, donde comprenderemos mejor a Dios y su infinita sabiduría.

Basta con echar un vistazo al Nuevo Testamento para distinguir a los Apóstoles que ministraron la palabra de Cristo de aquellos que falsamente afirman ser representantes del Divino Mesías.

Lo que caracteriza la vida de los Discípulos son sus actos de amor y sabiduría, su tolerancia hacia los ignorantes, su humildad, su renunciación, su compasión hacia los desafortunados, su extraordinaria dedicación a la difusión de las Enseñanzas que recibieron del Maestro, su fe firme, inquebrantable en la continuidad de la vida, su sumisión, su singular devoción al culto a la verdad y al amor por las cosas divinas, dejando absolutamente de lado todos los intereses materiales.

Leyendo, por ejemplo, la Epístola a los Gálatas, se llega a la conclusión que los Apóstoles trabajaron exclusivamente para la moralización y espiritualización del hombre y no para arrastrarlo a cultos sibilinos y creencias dogmáticas que no tienen acceso a la razón ni mejoran el corazón.

En el capítulo 5: 18–25, leemos:

- "Si sois guiados por el espíritu, no estáis bajo la Ley. Ahora bien, las obras de la carne son manifiestas, las cuales son: adulterio, impureza, lascivia, idolatría, hechicerías, enemistades, contiendas, celos, ira, sectarismos, disensiones, fiestas, envidias, borracheras, orgías, contra las cuales os advierto, como ya os he advertido, que los que practican tales cosas no heredarán el reino de Dios.

Pero el fruto del espíritu es caridad, gozo, paz, paciencia, benignidad, bondad, fidelidad, mansedumbre, templanza; contra tales cosas no hay ley. Si vivimos por el espíritu, andemos también por el espíritu."

A los Efesios, cap. 6: 14–20, Pablo escribe:

- "Estad firmes, ceñidos vuestros lomos con la verdad, revestidos con la coraza de justicia, y calzados los pies con el apresto del evangelio de la paz, tomando en todo el escudo de la fe, con el cual podréis apagar todos los dardos de fuego del Señor maligno; y tomad el yelmo de la salvación y la espada del espíritu, que es la palabra de Dios, con toda oración y súplica, orando al espíritu en todo tiempo, y para ello velando con toda perseverancia y súplica por todos los santos y por mí, para que al abrir mi boca me sea dada la palabra, para dar a conocer con valentía el misterio del Evangelio, por amor del cual soy embajador en cadenas, para que en él tenga valor para hablar como debo hablar."

A los filipenses cap. 2: 1 - 2, dice:

- "Por tanto, si hay alguna exhortación en Cristo, si hay algún consuelo de amor, si hay alguna impartición del espíritu, si hay alguna misericordia y compasión, completad mi gozo, para que seáis de un mismo sentir, teniendo el mismo amor, acordes en el mismo espíritu, preocupándose por una sola cosa; no haciendo nada por contienda o vanagloria, sino con humildad, considerándose unos a otros como mejores que ellos mismos; no mirando a cada uno por sus propios intereses, sino por las necesidades de los demás. Tened en vosotros este sentimiento que hubo también en Cristo Jesús."

Hablando de la devoción a través de cultos y exterioridades, le dice a los Colosenses – cap. 2: 16–19.

- "Nadie os juzgue por lo que coméis o por lo que bebéis, ni por la fiesta, la Luna nueva o el sábado, todo lo cual es sombra de lo que ha de venir, pero el cuerpo es de Cristo. Que nadie os quite a voluntad vuestro galardón, con humildad y adoración de los ángeles, estando firmes en las cosas que habéis visto, hinchados vanamente por vuestro entendimiento carnal, y no reteniendo la cabeza de quien todo el cuerpo, suplido y unida por medio de coyunturas y ligamentos, crece con el crecimiento de Dios."

Refiriéndose al trabajo y al amor fraternal, bases de la religión, dice a Tesalonicenses I, cap. 4: 9–12:

- "Sobre el amor fraternal no tenéis necesidad que os escriban; ya que vosotros mismos sois mandados por Dios a amaros unos a otros; porque es verdad que esto haces con todos tus hermanos en toda Macedonia. Pero os exhortamos, hermanos, a abundar más y más en esto, y a procurar vivir en paz, a ocuparos de vuestros negocios y a trabajar con las manos, como os hemos mandado; para que podáis caminar dignamente con los que están fuera y no tienen necesidad de nada."

En la II Epístola, cap. 3: 7–9 añadió:

- "Porque vosotros mismos sabéis cómo debéis imitarnos, porque no andamos entre vosotros desordenadamente, ni el pan de nadie no lo comemos gratis, sino con trabajo y dedicación, trabajando día y noche para no ser una carga para ninguno de vosotros."

Todavía refiriéndose al bautismo, en la I Epístola a los Corintios, cap. 1: 14–17, dice:

- "Doy gracias porque a ninguno de vosotros os he bautizado, excepto a Cristo y a Gayo, para que nadie diga que fuisteis bautizados en mi nombre. Y también bauticé a la familia de Estéfanas; además de esto, no sé si bauticé a algún otro; porque Cristo no me envió a bautizar, sino a predicar el Evangelio, no con sabiduría de palabras."

A los romanos, cap. 12: 9–21, dice:

- "El amor debe ser sin hipocresía. Odia el mal, aférrate al bien; en el amor fraternal sed afectuosos; en honor cada uno da preferencia a los demás; no seas negligente en el celo; en el espíritu, sed fervientes; servid al Señor; en la esperanza estad alegres; en la tribulación, pacientes; en oración, perseverando; ayudar a las necesidades de los santos; ejercer la hospitalidad. Bendecid a los que os persiguen; bendice y no maldigas. Alegraos con los que se alegran, llorad con los que lloran. Tengan el mismo sentimiento el uno hacia el otro; no os preocupéis por las cosas altas, sino acomodaos a las humildes. No seas sabio en tu propia opinión. No toméis a nadie mal por mal; cuida las cosas dignas de los hombres; si es posible, cuando de vosotros dependa, tened paz con todos los hombres; no os venguéis vosotros mismos, sino dejad lugar a la ira de Dios, porque escrito está: mía es la venganza, yo pagaré, dice el Señor. Más bien, si tu enemigo tiene hambre, dale de comer; si tiene sed, dale de beber; porque haciendo esto carbones encendidos amontonarás sobre tu cabeza. No te dejes vencer por el mal, sino vence el mal con el bien."

No se necesitan más citas. Los Apóstoles no podían entender la Doctrina de Jesús de manera diferente a como Él la predicaba, sobre todo porque estaban asistidos por el espíritu que el Maestro les había prometido para buena guía en la obra que realizaban con tanta dedicación.

Comprendieron muy bien que el Señor había traído al mundo una nueva concepción de la religión, muy distinta a la que obedecía la gente de la época y el sacerdocio ignorante y orgulloso.

Comenzando por la revelación de Dios: excluyó del lienzo religioso a ese "dios", celoso y vengativo, cuyo carácter es un cúmulo de caprichos, virtudes y pasiones humanas, para proclamar al Dios único, indivisible, a quien está sujeto el Universo, una entidad perfecta que hace salir su Sol y llover sobre buenos y malos, justos e injustos. No es ese "dios", cuya justicia es venganza, ni esa providencia, cuya interposición arbitraria, hace de su revelación un secreto confiado a pocos, sino el Padre del cielo, Padre de todos nosotros, y de nosotros, su familia. Con la Paternidad de Dios, Jesús, reveló la igualdad humana y su consecuente Fraternidad.

Para aclarar aun más su pensamiento, el Maestro nos muestra a Dios como un Padre amoroso, justo, bondadoso, a quien debemos dirigir nuestras peticiones para que Su Nombre sea santificado por nosotros, ya que es Él quien nos da el pan necesario y no si queremos, preocupemos por el alimento y el vestido, que él da incluso a las aves y a las flores del campo. Es el Padre quien conoce todas nuestras necesidades antes que se las expongamos, quien perdona nuestras deudas y nos libra de las tentaciones y del mal; es el dueño del rebaño y de las cien ovejas, que envía a buscar la descarriada para que todas sean guardadas en el redil. Por eso, es fundamental que le amemos con todo nuestro corazón, entendimiento y alma y con todas nuestras fuerzas.

La Doctrina de Jesús es la religión de la perfección a través del trabajo, a través del estudio, a través del esfuerzo por progresar: "Sed perfectos como vuestro Padre Celestial es perfecto."

En definitiva, la Doctrina del Nazareno, como la resume su Sermón de la Montaña, es el progreso hacia la sabiduría y el amor, a través de la humildad y el esfuerzo personal por el bien.

¿Cómo podemos admitir que esta Enseñanza, que Spinosa llamó "el mejor y más verdadero símbolo de la sabiduría celestial", consiste en cultos sectarios, en prácticas externas de un complicado ritual? ¿Cómo podemos admitir que esta religión que Kant llamó "la perfección ideal" consiste en los sacramentos de tal o cual iglesia? ¿Cómo podemos pensar que esta extraordinaria filosofía religiosa, que Renan llamó "incomparable", se compare con los formalismos de los sacerdotes, prácticas absolutamente contrarias a la razón y al corazón? Hegel decía que la religión de Jesús "es la unión más completa de lo divino y lo humano", y esta unión solo puede lograrse a través de la razón y el corazón, creciendo siempre en el conocimiento de la verdad, la inmortalidad, de Dios.

La constitución del Apostolado no podría, por tanto, tener otra finalidad que la de despertar la razón y el corazón, para que el hombre reciba la buena nueva, que le dé elementos indispensables para este progreso, para esta perfección que nos acerca al Señor Supremo. Y la obra de los Apóstoles fue precisamente ésta: enseñar, instruir, iluminar a los hombres, llevarlos de las tinieblas a la luz, de la era material a la espiritualidad, de la esclavitud del sacerdocio a la conquista de libertades crecientes, en busca de la verdad, de sus destinos inmortales, finalmente, de nuevas tierras y nuevos cielos, donde se guarda la felicidad para quienes buscan la palabra de Dios y se esfuerzan por ponerla en práctica.

El cristianismo vino, como decía Pablo, *"restaurare omnia"*, renovando el espíritu, el carácter, renovando el amor, renovando las costumbres; y sus Apóstoles, en el cumplimiento de su alta misión, no hicieron más que trabajar para que esta renovación se llevara a cabo lo más rápidamente posible, para que el reino de Dios venga a nosotros, y Jesucristo sea verdaderamente comprendido por nosotros y continúe para ayudarnos en nuestra ascensión espiritual.

Fin.

Grandes Éxitos de Zibia Gasparetto

Con más de 20 millones de títulos vendidos, la autora ha contribuido para el fortalecimiento de la literatura espiritualista en el mercado editorial y para la popularización de la espiritualidad. Conozca más éxitos de la escritora.

Romances Dictados por el Espíritu Lucius

La Fuerza de la Vida

La Verdad de cada uno

La vida sabe lo que hace

Ella confió en la vida

Entre el Amor y la Guerra

Esmeralda

Espinas del Tiempo

Lazos Eternos

Nada es por Casualidad

Nadie es de Nadie

El Abogado de Dios

El Mañana a Dios pertenece

El Amor Venció

Encuentro Inesperado

Al borde del destino

El Astuto

El Morro de las Ilusiones

¿Dónde está Teresa?

Por las puertas del Corazón

Cuando la Vida escoge

Cuando llega la Hora

Cuando es necesario volver
Abriéndose para la Vida
Sin miedo de vivir
Solo el amor lo consigue
Todos Somos Inocentes
Todo tiene su precio
Todo valió la pena
Un amor de verdad
Venciendo el pasado

Otros éxitos de Andrés Luiz Ruiz y Lúcio

Trilogía El Amor Jamás te Olvida
La Fuerza de la Bondad
Bajo las Manos de la Misericordia
Despidiéndose de la Tierra
Al Final de la Última Hora
Esculpiendo su Destino
Hay Flores sobre las Piedras
Los Peñascos son de Arena

Otros éxitos de Gilvanize Balbino Pereira

Linternas del Tiempo
Los Ángeles de Jade
El Horizonte de las Alondras
Cetros Partidos
Lágrimas del Sol
Salmos de Redención

Libros de Eliana Machado Coelho y Schellida

Corazones sin Destino

El Brillo de la Verdad

El Derecho de Ser Feliz

El Retorno

En el Silencio de las Pasiones

Fuerza para Recomenzar

La Certeza de la Victoria

La Conquista de la Paz

Lecciones que la Vida Ofrece

Más Fuerte que Nunca

Sin Reglas para Amar

Un Diario en el Tiempo

Un Motivo para Vivir

¡Eliana Machado Coelho y Schellida, Romances que cautivan, enseñan, conmueven y
pueden cambiar tu vida!

Romances de Arandi Gomes Texeira y el Conde J.W. Rochester

El Condado de Lancaster

El Poder del Amor

El Proceso

La Pulsera de Cleopatra

La Reencarnación de una Reina

Ustedes son dioses

Libros de Marcelo Cezar y Marco Aurelio

El Amor es para los Fuertes

La Última Oportunidad

Nada es como Parece

Para Siempre Conmigo

Solo Dios lo Sabe

Tú haces el Mañana

Un Soplo de Ternura

Libros de Vera Kryzhanovskaia y JW Rochester

La Venganza del Judío

La Monja de los Casamientos

La Hija del Hechicero

La Flor del Pantano

La Ira Divina

La Leyenda del Castillo de Montignoso

La Muerte del Planeta

La Noche de San Bartolomé

La Venganza del Judío

Bienaventurados los pobres de espíritu

Cobra Capela

Dolores

Trilogía del Reino de las Sombras

De los Cielos a la Tierra

Episodios de la Vida de Tiberius

Hechizo Infernal

Herculanum

En la Frontera

Naema, la Bruja

En el Castillo de Escocia (Trilogía 2)

Nueva Era

El Elixir de la larga vida

El Faraón Mernephtah

Los Legisladores

Los Magos

El Terrible Fantasma

El Paraíso sin Adán

Romance de una Reina

Luminarias Checas

Narraciones Ocultas

La Monja de los Casamientos

Libros de Elisa Masselli

Siempre existe una razón

Nada queda sin respuesta

La vida está hecha de decisiones

La Misión de cada uno

Es necesario algo más

El Pasado no importa

El Destino en sus manos

Dios estaba con él

Cuando el pasado no pasa

Apenas comenzando

Libros de Vera Lúcia Marinzeck de Carvalho y Patricia

Violetas en la Ventana
Viviendo en el Mundo de los Espíritus
La Casa del Escritor
El Vuelo de la Gaviota

Vera Lúcia Marinzeck de Carvalho y Antônio Carlos

Amad a los Enemigos
Esclavo Bernardino
la Roca de los Amantes
Rosa, la tercera víctima fatal
Cautivos y Libertos

Libros de Mónica de Castro y Leonel

A Pesar de Todo

Con el Amor no se Juega

De Frente con la Verdad

De Todo mi Ser

Deseo

El Precio de Ser Diferente

Gemelas

Giselle, La Amante del Inquisidor

Greta

Hasta que la Vida los Separe

Impulsos del Corazón

Jurema de la Selva

La Actriz

La Fuerza del Destino

Recuerdos que el Viento Trae

Secretos del Alma

Sintiendo en la Propia Piel

Otros Libros de Valter Turini y Monseñor Eusébio Sintra

Isabel de Aragón, La reina médium

El Monasterio de San Jerónimo

El Pescador de Almas

La Sonrisa de Piedra

Los Caminos del Viento

Si no te amase tanto...

World Spiritist Institute

www.ingramcontent.com/pod-product-compliance
Lightning Source LLC
LaVergne TN
LVHW041922070526
838199LV00051BA/2703